高校政府采购廉政风险防控

谢枭鹏　黄黎平　郭长金　著

北　京
冶　金　工　业　出　版　社
2021

内 容 提 要

本书共分八章，主要介绍了内部控制、政府采购相关概念及理论依据，分析了国外政府采购及内部控制制度对我国高校政府采购的启示，重点揭示了高校政府采购内部控制的现状和存在的问题，并从高校政府采购过程廉政风险点与风险防范进行分析，讨论了如何构建政府采购内部控制体系和高校政府采购内部控制的评价体系，最后以重庆科技学院为例对高校政府采购内部控制廉政风险进行案例分析。

本书可供高等学校及事业单位从事政府采购工作的相关人员、从事审计监督的人员及政府采购行业主管部门人员等阅读或参考。

图书在版编目(CIP)数据

高校政府采购廉政风险防控/谢枭鹏，黄黎平，郭长金著．—北京：冶金工业出版社，2019.2（2021.4 重印）

ISBN 978-7-5024-8039-4

Ⅰ.①高…　Ⅱ.①谢…　②黄…　③郭…　Ⅲ.①高等学校—政府采购制度—廉政建设—中国　Ⅳ.①G647.5

中国版本图书馆 CIP 数据核字（2019）第 018412 号

出 版 人　苏长永
地　　址　北京市东城区嵩祝院北巷 39 号　邮编　100009　电话　(010)64027926
网　　址　www.cnmip.com.cn　电子信箱　yjcbs@cnmip.com.cn
责任编辑　王　双　张熙莹　美术编辑　郑小利　版式设计　禹　蕊
责任校对　郭惠兰　责任印制　李玉山
ISBN 978-7-5024-8039-4
冶金工业出版社出版发行；各地新华书店经销；北京建宏印刷有限公司印刷
2019 年 2 月第 1 版，2021 年 4 月第 3 次印刷
169mm×239mm；10.25 印张；197 千字；155 页
49.00 元

冶金工业出版社　投稿电话　(010)64027932　投稿信箱　tougao@cnmip.com.cn
冶金工业出版社营销中心　电话　(010)64044283　传真　(010)64027893
冶金工业出版社天猫旗舰店　yjgycbs.tmall.com
（本书如有印装质量问题，本社营销中心负责退换）

前　言

随着我国教育体制改革的深入以及高校办学自主权的提升，高校的经济环境也发生了重大变化，取得了快速发展，学校办学规模迅速扩张，资金流量成倍增长，经济活动复杂多样，在快速发展的同时，竞争愈加激烈，面临的风险也越来越多，使得目前内部控制的建设不能很好地与高校发展相适应。近年来，高校在政府采购、基建、后勤等方面经济腐败案件频频发生，不仅造成国家资产流失，还严重影响了高校的发展和声誉。高校物资采购和基建项目成为高校腐败行为的易发区，是反腐倡廉工作的重点和难点。虽然以上问题产生的原因很多，但高校内部控制制度不健全、体系不完善是主要原因之一。因此，研究高校内部控制理论，对建立健全高校内部控制，提高高校的风险防范能力，促进高校健康发展具有重要的理论和实践指导意义。

2014 年 1 月我国实施的《行政事业单位内部控制规范（试行）》关于政府采购业务控制中，明确要求高校建立政府采购、资产管理、财会、内部审计、纪检监察等部门相互协调、相互制约的机制。2014 年 4 月中纪委、教育部、监察部发布的《关于加强高等学校反腐倡廉建设的意见》中，强调高校物资（设备）采购、基建项目加强建立健全内部管理和监督制度。可见加强高校政府采购内部控制不仅是高校自身健康发展的需要，是严格执行政府采购相关法律法规的要求，是高校防控政府采购风险的前提，是规避法律风险、效益风险、廉政风险的基础，也是认真执行好《行政事业单位内部控制规范（试行）》和教育部加强高等学校反腐倡廉建设工作的要求，是杜绝和减少违法违纪案件的有效途径。

本书共分 8 章，第 1 章为绪论，介绍研究的理论和实践意义，国内外研究现状，研究目标、主要研究内容和拟突破的难题，主要创新点，拟采取的研究方法及可行性分析；第2章阐述内部控制、政府采购相关概念及理论依据；第3章分析国外政府采购及内部控制制度对我国高校政府采购的启示；第4章重点揭示高校政府采购内部控制的现状和存在的问题；第5章从高校政府采购过程廉政风险点分析与风险防范进行分析；第6章讲述如何构建政府采购内部控制体系；第7章讲述如何构建高校政府采购内部控制的评价体系；第8章以重庆科技学院为例对高校政府采购内部控制廉政风险进行案例分析，也是本书的重点。

本书由重庆科技学院谢臬鹏、黄黎平、郭长金共同撰写。在本书的撰写过程中，得到了重庆市教委财务处、纪检监察室和重庆市财政局政府采购处相关领导和人员的大力支持；在课题研究过程中，项目组成员重庆科技学院徐茂副教授、高论副教授、毛媛媛、汪雨寒、赵晓园及四川三河职业学院质科处副处长薛尚兵、经济管理系教学办主任李付忠等付出了辛勤的劳动；本书内容所涉及的研究得到了重庆市教育委员会人文与社会科学研究重点项目（党建纪检专项）“基于内部控制视角下高校政府采购廉政风险防控研究”（项目编号：17SKD018）的资助，在此一并表示衷心的感谢！

由于作者水平所限，书中不足之处，恳请读者批评指正。

作　者

2018年10月

目　录

第一章　绪　论

随着我国社会主义市场经济体制的建立和发展，教育体制改革的深入以及高校办学自主权的提升，高校的经济环境发生了重大变化，取得了快速发展，学校办学规模迅速扩张，资金流量成倍增长，经济活动复杂多样。在快速发展的同时，竞争更加激烈，面临的廉政风险也越来越多，表现在内部控制的建设与高校发展不相适应。近几年来，高校在政府采购、基建、后勤等方面的经济腐败案件频频发生，在造成国家资产流失的同时，还严重影响了高校的发展和声誉。高校物资采购和基建项目方面已经成为高校腐败行为的高发区，成为反腐倡廉工作的重点和难点。产生腐败问题的原因很多，这与高校没有建立健全内部控制制度、没有完善内部控制体系是分不开的。基于严峻形势所需，对高校政府采购工作进行研究，梳理廉政风险点，研究高校内部控制理论，建立健全高校内部控制，提高高校的风险防范能力，对促进高校健康发展具有重要的理论和实践指导意义。

第一节　研究的理论意义和实践意义

一、理论意义

近年来，一些采购人、集中采购机构和政府采购监管部门积极探索建立政府采购活动内部控制制度，虽然取得了一定的成效，但总体上还存在体系不完整、制度不健全、发展不平衡等问题。为了进一步规范政府采购活动中的权力运行，强化内部流程控制，促进政府采购提质增效，财政部于 2016 年 6 月 29 日下发了《关于加强政府采购活动内部控制管理的指导意见》。意见中明确指出：加强对政府采购活动的内部控制管理，是贯彻《中共中央关于全面推进依法治国若干重大问题的决定》的重要举措，也是深化政府采购制度改革的内在要求，对落实党风廉政建设主体责任、推进依法采购具有重要的理论意义。

二、实践意义

实践意义主要表现在以下几方面：

（1）建立完善的内部控制制度，通过授权审批、不相容岗位分离、会计记录等手段对关键岗位实施监控。通过审计监督部门的强势介入，大大减少采购过程中走关系、吃回扣、假招标、随意变更预算等腐败行为的发生。

（2）建立完善的内部控制制度，能够促进高校政府采购相关部门间的相互制衡。目前高校负责内部政府采购业务主要集中在少数几个部门，权力相对集中容易滋生腐败。因此，需要加强内部控制，发挥相关部门间的相互监督和制约作用，把政府采购部门的权力始终关在内部控制全面监控体系的笼子里。

（3）建立完善的内部控制制度，能够保障政府采购工作的合法合规，促进校内采购规章制度自我完善。

（4）建立完善的内部控制制度，能够保证采购资金的使用效果，保障国有资产的安全，促进高校健康快速发展。

第二节 国内外政府采购及内部控制现状

一、国外政府采购及内部控制现状

（一）美国政府采购及内部控制现状

美国采用高度集中的政府采购管理组织形式，联邦总务署统一负责除国防部和交通部外的联邦政府机构及国会的政府采购执行管理，部门自行采购需经联邦总务署授权。联邦总务署极为重视信息技术在政府采购中的应用，其合同采购项目全部通过电子化采购平台进行采购。联邦总务署负责联邦采购信息的统一管理，主要负责建设、更新、维护联邦商机信息系统和联邦采购数据系统。通过商机信息系统，一方面，发布有关采购信息公告，为广大供应商提供政府采购政策和需求信息；另一方面，与联邦政府技术中心联网，供有关部门通过供应商信息库和商品信息库了解市场。联邦采购数据系统记录每一单采购结果相关信息。除了实现政府采购信息统计和分析功能外，该系统还起到了辅助资产管理及审核资产预算的作用，根据上一年的经验数据推算下一年度的采购预算。

美国目前的政府采购管理体制主要有以下特点：

（1）政策上高度统一。联邦政府采购政策管理办公室负责联邦政府采购的统一政策管理，不负责有关法律法规的具体执行和监督工作。

（2）执行管理高度集中。联邦总务署统一负责联邦政府采购的执行管理。在美国，政府采购就是集中采购，部门自行采购需经联邦总务署授权，权限随时可以收回。

（3）预算管理高度集中。总统行政和预算办公室负责联邦政府各部门的预算管理，纳入预算的所有货物、服务和工程均实行政府集中采购。一般情况下，不允许无预算采购，也不允许超预算采购，更不允许将预算资金挪作他用。美国国会下设联邦会计总署，履行政府预算支出和政府采购监督管理职能，受理供应商投诉。

（4）统一政府采购配置标准。这样可以整合购买力资源、统一政策、发挥规模优势、降低采购成本，更好地发挥政策调节功能。

（5）执行主体具有较高的权威性。政府采购监督管理与执行体制大体可概括为三个层次：总统行政和预算办公室负责政府采购政策的制定和预算管理；联邦总务署负责政府采购的执行与监督管理；联邦政府各部门在政府采购中执行总统行政和预算办公室与联邦总务署的政策和采购结果并接受监管。

（6）相对稳定的合同履行方式。合同采购过程：在执行预算前制订采购计划，包括解决方案、中标条件、风险分析、市场分析、竞争因素、政府目标、社会经济目标等；对供应商进行分析评价，组织谈判，授予合同；告知中标和非中标供应商中标结果及未中标的原因；实施合同管理；供应商评价及综合评估；合同终止。

（7）重视科技手段的运用和信息化建设。联邦总务署和加州服务总署都建立了科学和全面的数据库，这个数据库基本上可以反映市场各方面的情况，并且信息及时更新。

（8）高素质的采购队伍。采购人员应具有较高的专业化水平，是高素质人才的集合体。

（二）韩国政府采购及内部控制现状

韩国政府采购以采购厅的电子采购为基础，通过网络将韩国的公共部门、采购机构、授权的公司和电子签名的政府机构相互连接，在其网页上处理采购交易。电子化政府采购系统建成后，韩国所有的政府采购市场参与者，只要进入互联网，就能够在任何地方进行交易。

在完成系统建设的基础上，韩国采购厅在 2004 年建成了客户管理系统（CRM），以便为每一个客户群体提供便捷的、个性化的服务。韩国将 CRM 称为电子化政府采购的革命，提出利用该系统“你可以在任何时间和任何地方参与政府采购”。客户管理系统的服务对象是采购方和供应商。依照韩国的规定，只有韩国中央政府、地方政府、国有企业等公共性质的机构、单位能够作为采购方利用电子化政府采购系统，而其他企业则只能以供应商的身份参与到投标项目中。同时，客户管理系统在公共机构之外建立了第一个网络电话中心，通过电话回答、录像咨询和屏幕共享对参与电子化政府采购交易进行指导，以增强服务质量。与此同时，韩国采购厅还建立了一个搜索引擎系统，用于对相关信息进行自动搜索，并对大量不同类别的项目进行标准化处理，使每个参与者都能够很容易地找到相关产品的供求信息，从而有效地促进了电子商务。2005 年，韩国采购厅实施了“广泛存在的”电子采购，只要开通相应的移动电话服务，企业家在任何时候都能获得政府采购信息，并可参与电子投标活动。据了解，韩国采用

“广泛存在的 RFID 系统”核心技术的货物管理系统已于2005年完成，此系统主要用于对韩国政府机构、国有企业、公共部门的国有资产管理。该系统目前已经与韩国电子化政府采购系统连接，采购方在政府采购系统中完成交易后，购入物品的信息会自动记入货物管理系统，加强国有资产管理。

（三）德国政府采购及内部控制现状

在政府采购管理中，德国严格实行“管采分离”，采购政策法规和预算资金管理分别由联邦政府经济部和财政部负责，集中采购等操作事务分别交内务部采购局、财政部采购局和国防部军事技术与采购局具体执行。在政府采购监管中，德国坚持在采购各工作环节中实行多个主体审核、监督有关业务，以确保公正性、预防腐败。除集中采购机构实施内部控制外，政府采购审查办公室和审计部门拥有监督检查的职能。

为强化竞争、预防腐败、提高财政支出的经济效益，德国政府采购主要采用公开招标、邀请招标和竞争性谈判三种方式。凡属于公共采购指令范围内的采购项目，其公开招标限额标准全国统一，达到一定额度以上的采购项目须在欧盟范围内公布采购信息；属于公共采购指令范围之外的采购项目，公开招标限额由联邦政府和各州政府分别规定。

为进一步加强管理、便于操作、发挥政府采购的政策功能，德国从2003年起逐步施行电子化政府采购。德国电子化政府采购工作主要有十一项业务环节：一是编制部门预算，确定年度采购需求；二是制订采购计划，明确采购目标；三是分析市场，拟定采购文件；四是审定投标人资格，选择采购方式；五是制订并发布招标文件；六是分发采购文件，接受投标；七是组织评标，确定入围供应商；八是组织现场检测，并进行评估；九是定标签约，对欧盟规则外的采购，确定中标供应商，签订合同；对欧盟规则范围内的采购，还需通知落标人落标原因，并公告14天；十是视情况进行复审，确定是否签订采购合同；十一是公布采购合同，保存采购档案。

从国外政府采购现状可以看出，政府采购信息化建设已是大势所趋，利用信息技术加强政府采购管理是各国比较重视的。主要表现在严格的“管采分离”、强有力的采购队伍、严格的预算控制、统一配置标准、政府采购系统与其他系统的协同、完备的数据库建设和动态管理、采购信息的高度公开、对政府采购活动的全面监督等。

二、国内政府采购及内部控制现状

随着政府采购的发展，我国政府采购中存在的问题逐渐暴露出来。许多学者提出应该建立健全政府采购内部控制。夏烨认为应在政府采购过程中贯彻《中华人民共和国会计法》和《内部会计控制规范》中关于建立健全会计监督和内部控制的规定，更好地发挥政府采购在国家财政支出改革中的作用，明确建立政府采购内部控制的意义，并对建立和完善政府采购内部控制提出了建议：一是要建立健全适应政府采购特点的内部控制环境；二是要重视政府采购的风险评估和预防；三是要针对存在的问题和风险采取必要的控制活动；四是要注重有关信息提供、反馈，以及各部门、单位之间的沟通，提高政府采购透明度；五是要加强外部监督，完善政府采购内部控制。卢传峰对我国政府采购内部控制存在的缺陷进行了分析，并提出了完善我国政府采购内部控制的对策：一是构建和完善政府采购的环境控制制度；二是完善政府集中采购的风险评估过程控制；三是进一步完善采购过程的行为控制；四是健全信息系统与沟通机制；五是健全监督机制。李志荣认为建立健全政府采购内部控制制度，是贯彻国家政府采购法律、法规、规章、制度，保证政府采购工作有序进行的重要措施，也是加强政府采购管理的重要手段。政府采购内部控制制度，是国家政府采购法律法规的必要补充，是贯彻实施国家政府采购法律法规的重要基础和保证，并就加强政府采购内部控制提出了几点意见。余文芬在分析当前政府采购内部控制存在问题的基础上，认为信息化环境下政府采购内部控制的组成要素由控制环境、风险评估、控制活动、信息与沟通和监督五方面组成，将 COSO 报告中企业内部控制的五要素应用到信息化环境下政府采购内部控制的构建当中；并提出要建立统一规范全面的政府采购信息系统，强化顶层设计，建设统一的网络平台；做好统筹规划，推动跨部门、跨系统的协同应用，是目前有可能规避体制风险的最好选择；通过信息沟通和整合，建立开放的信息平台和资源共享机制；形成数据格式标准统一、易于实现互联互通和互动操作的“信息大陆”。

建立健全政府采购内部控制是当前的一项重要任务，要将内部控制五要素应用到政府采购内部控制的构建当中，利用信息技术加强政府采购内部控制，通过统一的政府采购管理信息系统实现可操作、可量化的政府采购控制，促进系统之间的协同和沟通，加强政府采购监管。

第三节　研究目标、主要研究内容和拟突破的难题

一、研究目标

本书的主要研究目标是基于内部控制视角下高校如何防控政府采购廉政风险。我国政府采购从 1996 年上海试点到 1999 年全面铺开，再到 2003 年 1 月 1 日《中华人民共和国政府采购法》的正式实施，规章制度逐步建立，政府采购的范围逐渐扩大，政府采购成为公共财政支出管理的重要组成部分。随着政府采购范围和规模的不断扩大，我国政府采购管理中的问题也逐渐暴露出来，因此政府采

购改革的重心已由改革初期的建章立制、扩面增量转向现阶段的程序控制、行为规范上。目前，政府出台的一系列文件措施主要是宏观指导方针，针对外部规范、流程控制，内部控制一般由各单位自行制定相应的规章制度来完成。通过对国内及重庆市高校的广泛调研发现，各高校重视点并不一样，出台的规章制度也各不相同，因此，很有必要从内部控制视角对高校的政府采购行为进行规范，降低廉政风险。

二、主要研究内容

本书以《财政部关于加强政府采购活动内部控制管理的指导意见》《行政事业单位内部控制规范》为指引，研究探索构建高校政府采购的内部控制体系的思路，使高校的政府采购行为始终处于阳光、公正、可控的内部监控体系管理之中，最大限度地提高财政资金的使用效益，杜绝采购活动中的腐败现象的发生。研究侧重于以下四个方面：

（1）分析我国高校政府采购内部控制现状及阐述加强内部控制的重要意义；

（2）构建我国高校政府采购内部控制体系；

（3）高校政府采购廉政风险及防范对策；

（4）探索全新的高校适用的网上询价系统。

三、突破的难题

本书研究拟突破的难题如下：

（1）梳理出政府采购的各流程中可能出现的廉政风险点；

（2）在内部控制理论的框架下，针对高校的实际情况，制订相应的政府采购实施办法，规避各种廉政风险点；

（3）采取技术手段，加大信息化建设的力度，从科技手段的角度，杜绝一些不规范的人为的影响，结合重庆市政府采购管理系统，探索网上询价系统的建设思路，并在学校层面实施。

四、主要创新点

本书在已有的国内外大量相关文献及对其分析认识的基础上，力图在以下两个方面做出探索尝试：

（1）比照国内内部控制框架，借鉴系统理论、信息理论、控制理论，将政府采购信息化和内部控制建设结合起来进行研究，深入到具体的业务层次探讨其控制模式和方法，构建信息化环境下政府采购内部控制建设和评价循环推动的内部控制体系。

（2）在政府主管部门的指导下，运用现代科学技术的手段，运用信息化管理系统的力量，从技术层面、安全层面、政策层面综合考虑，通过试点，探索全新的高校适用的网上询价系统，规避廉政风险点，推动内部控制的完善。

五、拟采取的研究方法及可行性分析

（一）研究方法

本书主要理论依据是《财政部关于加强政府采购活动内部控制管理的指导意见》、《行政事业单位内部控制规范》、系统理论、政府采购理论、预算管理、审计理论。

本书采用的研究方法主要有比较研究法、因素分析法、文献研究法、系统分析法、经验总结法。

（1）比较研究法。发达国家的政府采购事业起步早，在政府采购管理方面有许多先进经验可供参考，本书通过将我国与一些发达国家，以及发达国家之间的政府采购管理经验做比较，从而明确指出我国政府采购的优缺点。

（2）因素分析法。对政府采购内部控制现状、存在的问题以及信息化环境下政府采购内部控制的变化进行分析。

（3）文献研究法。通过对政府采购管理相关书籍、论文、法律法规等文献资料的广泛收集，深入分析政府采购管理的概念及内涵，梳理国内外政府采购管理的发展历史及研究现状。

（4）系统分析法。着眼于政府采购管理，将政府采购信息化和内部控制建设有机结合起来。

（5）经验总结法。通过对我国政府采购管理的具体实践情况进行分析，总结我国政府采购管理的成就与不足，并对存在的问题进行客观全面的分析。

（二）可行性分析

第一，本书负责人及部分参与撰写人员从事政府采购工作多年，是重庆市政府采购评审专家、重庆市综合评标专家，对政府采购的法律法规比较熟悉，同时也担任招标采购工作，熟悉采购流程，对内部控制的各风险点、各个环节比较了解，能提出相关对策及措施。同时，重庆科技学院也是重庆市高校中网上询价系统的发起和试点单位，通过该研究，能更加规范高校的政府采购工作，具备可操作性。

第二，研究团队学历、年龄、学科结构合理，有丰富的研究经验与研究能力。

第三，研究团队与市招投标协会、重庆港澳大家软件公司等相关机构建立了密切的协作关系，可以获得强力的技术支撑。

第四，项目承担单位提供了强大的学科平台、基础设施设备和人力资源支撑。

第二章　内部控制、政府采购相关概念及理论依据

第一节　内部控制的相关概念及理论依据

一、内部控制的定义

随着企业外部环境竞争的加强和内部管理要求的提高，内部控制逐步成为企业管理的一项核心工具。内部控制最早产生于西方发达的资本主义国家，国内外众多学者认为内部控制来源于内部牵制阶段，各项规范、应用指南对内部控制的定义也不尽相同。加拿大 COCO 指南将内部控制定义为“一个企业中的要素集合体”。企业内部控制应当包括目标、能力、承诺、学习和监督四项基本要素，企业要长远可持续发展，将企业的要素进行拆分，制定有效控制的 20 个标准，按照标准严格执行。1972 年美国《审计准则公告》将内部控制定义为“在一定的环境下，单位为了提高经营效率、充分有效地获得和使用各种资源，达到既定管理目标，而在单位内部实施的各种制约和调节的组织、计划、程序和方法”。美国的 COSO 委员会于 1992 年颁布的《内部控制—整合框架》中将内部控制定义为“由企业的董事会、管理层以及其他员工为达到财务报告的可靠性、经营活动的效率、相关法律法规的遵行等三个目标而提供合理保障的过程”。对于美国 COSO 委员会有关内部控制的定义和要素的描述，各国认可度较高。我国为了规范企业的经营管理、规避风险，借鉴国外内部控制研究成果，于 2008 年颁布了《企业内部控制基本规范》，其中将内部控制定义为“由企业董事会、监事会、经理层和全体员工实施的、旨在实现控制目标的过程”。

二、内部控制发展历程

内部控制是组织运营和管理活动发展到一定阶段的产物，是科学管理的必然要求。内部控制理论与实践的发展大体上经历了内部牵制、内部控制系统、内部控制结构、内部控制整合框架、企业风险管理整体框架等五个不同的阶段，并已初步呈现与企业风险管理整合框架交融发展的趋势。

（一）内部牵制阶段

内部控制的起源年代久远，自从有了人类的群体活动和组织之后，就产生了

对组织的成员及其活动进行控制的需要。内部控制的发轫最早可以追溯到约公元前3600年至公元前3200年的苏美尔文明时期。古埃及、古波斯、古希腊、古罗马和古代中国都有原始内部牵制制度的雏形。原始的内部牵制制度最早是为部落、城邦、庄园、国家服务的。随着中世纪资本主义生产关系萌芽，商业组织开始出现，内部牵制进入企业领域，开启了一个广阔的发展空间。

内部控制的发展经历了一个漫长的时期，“内部控制”一词最早见于文字是1936年作为审计术语出现在审计文献中。美国会计师协会（美国注册会计师协会的前身）在其发布的《注册会计师对财务报表的审查》文告中首次正式使用了“内部控制”这一专门术语，其中指出：“注册会计师在制定审计程序时，应考虑的一个重要因素是审查企业的内部牵制和控制，企业的会计制度和内部控制越好，财务报表需要测试的范围则越小。”

根据大多数学者的观点，一般将内部牵制阶段定义为20世纪40年代以前。内部牵制就是指一个人不能完全支配账户，另一个人也不能独立地加以控制的制度。某位职员的业务与另一位职员的业务必须是相互弥补、相互牵制的关系，即必须进行组织上的责任分工和业务的交叉检查或交叉控制，以便相互牵制，防止错误或弊端，这就是内部控制的雏形。《柯氏会计词典》给的定义是：“为提供有效的组织和经营，并防止错误和其他非法业务发生而制定的业务流程，其主要特点是以任何个人或部门不能单独控制任何一次或一部分业务权利的方式进行组织上的责任分工，每项业务通过正常发挥其他个人或部门的功能进行交叉检查或交叉控制。”人们对上述内部牵制概念比较认同，以致在现代的内部控制理论中，内部牵制仍占有相当重要的地位，并成为现代内部控制理论中有关组织控制、职务分离控制的雏形。

（二）内部控制制度阶段

内部控制制度的概念是在内部牵制思想的基础上产生的。内部控制制度的形成，可以说是传统的内部牵制思想与古典管理理论相结合的产物。1949年，美国会计师协会的审计程序委员会发表了一份题为《内部控制、协调系统诸要素及其对管理部门和注册会计师的必要性》的专题报告，该报告对内部控制首次做出了如下权威定义：“内部控制是企业所制定的旨在保护资产、保证会计资料可靠性和准确性、提高经营效率、推动管理部门所制定的各项政策得以贯彻执行的组织计划和相互配套的各种方法及措施。”

内部控制制度思想认为内部控制应分为内部会计控制和内部管理控制两个部分。内部会计控制包括与财产安全及财产记录可靠性有关的所有方法和程序。内部会计控制在于保护企业资产、检查会计数据的准确性和可靠性。内部管理控制包括组织规划的所有方法和程序，这些方法和程序主要与经营效率和贯彻执行方针有关。内部管理控制在于提高经营效率，促使有关人员遵守既定的管理方针。西方学术界在对内部会计控制和内部管理控制进行研究时，逐步发现这两者是不可分割、相互联系的，因此在20世纪80年代提出了内部控制结构的概念。

（三）内部控制结构阶段

进入20世纪80年代以后，内部控制的理论研究又有了新的发展，人们对内部控制的研究重点逐步从一般含义向具体内容深化，其标志是美国AICPA于1988年5月发布的《审计准则公告第55号》(SAS55)。在公告中，以“内部控制结构”概念取代了“内部控制制度”，并指出：“企业内部控制结构包括为提供取得企业特定目标的合理保证而建立的各种政策和程序。”认为内部控制结构由控制环境、会计系统和控制程序三个要素构成，并明确了内部控制结构的三要素的内容。

控制环境：所谓控制环境是指对建立、加强或削弱特定政策和程序的效率发生影响的各种因素。主要表现在股东、董事会、经营者及其他员工对内部控制的态度和行为。

会计系统：规定各项经济业务的确认、计量、记录、归集、分类、分析和报告的方法。也就是要建立企业内部的会计制度。

控制程序：控制程序指管理当局可制定的用以保证达到一定目的的方针和程序。

与以前的内部控制定义相比，内部控制结构有两个特点：一是将内部控制环境纳入内部控制的范畴，二是不再区分会计控制和管理控制。至此，在企业管理实践中产生的内部控制活动，经过审计人员的理论总结，已经完成从实践到理论的升华。

（四）内部控制整合框架阶段

1992年，由美国会计学会、注册会计师协会、美国内部审计师协会、财务经理人员协会和管理会计师协会等组织成立的专门研究内部控制问题的美国虚假财务报告全国委员会的后援组织委员会（简称COSO委员会）发布了指导内部控制的纲领性文件COSO报告——内部控制整体框架，并于1994年进行了增补，这份报告堪称内部控制发展史上的又一里程碑。

COSO报告指出，内部控制是由公司董事会、管理层和其他员工实施的，为实现经营的效果性和效率性、财务报告的可靠性以及适用法律法规的遵循性等目标提供合理保证的一个过程（一个定义）。内部控制的根本目的是防范风险。根据COSO委员会的这一定义，内部控制是为达到目标提供合理保证而设计的过程。具体来说，是为了达到提供可靠财务报告、遵循法律法规和提高经营效率效果等三个目标。COSO 提出了企业内部控制的整体框架，在 COSO 内部控制框架中，管理层需要履行的职责包括 5 个步骤或要素：控制环境、风险评估、控制活动、信息与沟通和监控。

（1）控制环境。控制环境作为内部控制整体框架中所有构成要素的基础，为内部控制提供了前提和结构。其特征是先明确定义机构的目标和政策，再以战略计划和预算过程进行支持；然后，清晰定义利于划分职责和汇报路径的组织结构，确立基于合理年度风险评估的风险接受政策；最后，向员工澄清有效控制和审计体系的必要性以及执行控制要求的重要性，同时，高级领导层需要对文件控制系统做出承诺。控制环境决定了企业的基调，直接影响企业员工的控制意识。

（2）风险评估。风险评估是确定和分析目标实现过程中的风险，并决定如何对风险进行管理提供基础。这一环节是 COSO 内部控制整体框架的独特之处，第一次把风险评估作为要素引入到内控领域。在风险评估过程中，管理层识别并分析实现其目标过程中所面临的风险，从而制定管理风险的制度基础。管理层应该在审计师开始审计之前，识别那些重大的风险，并基于这些风险发生的可能性和影响采取措施缓和这些风险，随后审计师对这一风险评估过程进行评价。

（3）控制活动。控制活动是指确保管理层的指令得以实现的机制，包括那些被识别能够缓和风险的活动。控制活动存在于组织的所有层面及组织所有的功能中，如核准、授权、验证、调节、复核经营绩效、保障资产安全、职务分工及信息系统等。

（4）信息与沟通。信息是指员工能够获得其工作中所需要的信息，是确保员工履行职责的必要条件。沟通是各级人员接收最高管理层关于控制责任的指令方式和他们对待内部控制的严肃程度，包括信息向上的、向下的、横向的、在组织内外自由的流动。在企业运行和目标实现过程中，组织的各个层面都需要一系列信息，包括来自企业内部和企业外部的财务和运营信息。信息系统对战略行动提供支持，并融入经营活动中。

（5）监督。监督是由实时评价内部控制执行质量的程序组成的，这一程序包括持续监督、独立评价，或者是二者的综合。独立评价的范围和频率取决于所评估的风险程度，内部控制系统需要被监督，监督能够确保内部控制的有效运行。控制的监督要素包括经理人员日常的监督，审计师和其他群体定期的审核以及经理人员用以揭示和纠正已知的缺陷与不足的程序，监督可以用来保证其他控制的运行。

COSO 将内部控制要素以一个金字塔结构提出，其中控制环境作为金字塔的最底部，风险评估和控制活动位于上一层次，信息和沟通接近顶部，监督处于最顶端。内部控制各要素之间的关系如图 2-1 所示。

控制环境是整个控制系统的基础，任何一个组织（企业或公司）的控制环

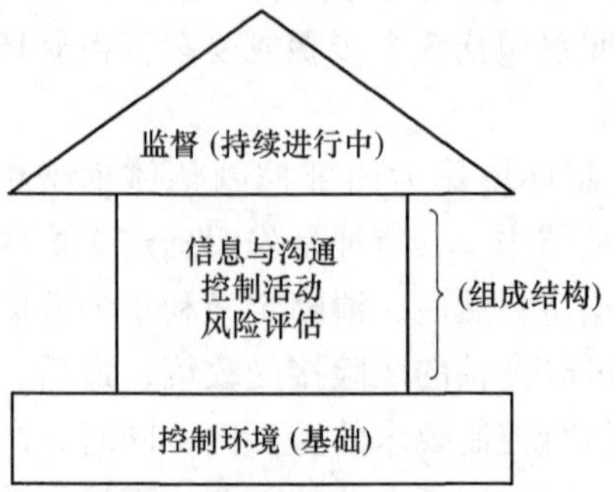

图 2-1　内部控制各要素之间的关系

境都要受其组织结构、组织文化以及信息与沟通系统的影响，反过来它又影响着业务流程、员工控制意识、具体控制活动及其监督活动的效率和效果。如果没有一个有效的控制环境，其余四个要素无论其质量如何，都不可能形成有效的内部控制。风险评估、控制活动、信息与沟通是整个控制框架的组成要素，监督则是对另外四个要素所进行的持续不间断的检验和再控制。

内部控制理论——COSO 报告的出台，引起了世界会计学界的广泛兴趣，加深了各界对内部控制重要性的认识，基本上统一了业界的认识，这对人们进行企业内部控制的研究极具时代意义。

COSO 报告对我国的会计理论和会计实务方面都具有重大的启示和借鉴意义。在理论方面的启示，首先体现在我国各级会计人员必须加深对内部控制的认识，内部会计控制是内部控制的核心组成部分，必须转变原有过时的内部会计控制观念和思想，以便更好地促进企业内部控制管理，使内部会计控制思想得到企业各个阶层的自觉遵守，“软控制”在企业生根发芽，这是企业管理中最为推崇和有效的控制方法。在实务方面的启示，我国应吸收 COSO 报告的研究成果，对我国企业的内部会计的控制环境、控制过程和风险评估等进行重新审视并加以完善和提高，以便建立一套更适合我国企业的内部控制办法。

（五）企业风险管理整合框架阶段

美国安然公司、环球电信公司会计造假丑闻的披露导致股东损失 810 亿美元，也暴露出美国现行公司体制中存在的弊端。为整顿上市公司秩序、维护投资者信心，美国民主党参议员萨班斯和共和党众议员奥克斯利联合提出了《萨班斯－奥克斯利法案》，该法案于 2002 年 7 月由美国总统布什签署通过。《萨班斯－奥克斯利法案》是继美国 1933 年《证券法》、1934 年《证券交易法》之后又一部具有里程碑意义的法律，其效力涵盖了注册于美国证监会（SEC）之下的约 14000 家公司，其中包括了大量的非美国公司。

企业风险管理架构在1992年COSO报告的基础上，结合《萨班斯－奥克斯法案》在财务报告方面的要求，进行了扩展。COSO对风险管理框架的定义是："企业风险管理是一个过程，它由一个主体的董事会、管理当局和其他人员实施，应用于战略制定并贯穿于企业之中，旨在识别可能会影响主体的潜在事项，管理风险以使其在该主体的风险容量之内，并为主体目标的实现提供合理的保证。"

与1992年COSO报告提出的内部控制整体架构相比，企业风险管理架构增加了一个观念、一个目标、两个概念和三个要素，即"风险组合观""战略目标""风险偏好"和"风险容忍度"的概念，以及"目标制定""事项识别"和"风险反应"要素。提出了一个新的观念——风险组合观。企业风险管理要求企业管理者以风险组合的观点看待风险，对相关的风险进行识别并采取措施使企业所承担的风险在风险偏好的范围内。对企业内每个单位而言，其风险可能落在该单位的风险容忍度范围内，但从企业总体来看，总风险可以超过企业总体的风险偏好范围。因此，应从企业总体的风险组合的观点看待风险。

此外，企业风险管理架构比内部控制架构增加了一类新的目标——战略目标。该目标的层次比其他三个目标更高。企业的风险管理在应用于实现企业其他三类目标的过程中，也应用于企业的战略制定阶段。企业风险管理架构提出了两个新概念——"风险偏好"和"风险容忍度"。从广义上看，风险偏好是指企业在实现其目标的过程中愿意接受的风险的数量。企业的风险偏好与企业的战略直接相关，企业在制定战略时，应考虑将该战略的既定收益与企业的风险偏好结合起来。风险容忍度是建立在风险偏好概念基础上的，是指在企业目标实现的过程中对差异的可接受程度，是企业在风险偏好的基础上设定的对相关目标实现过程中所出现的差异的可容忍限度。在确定各目标的风险容忍度时，企业应考虑相关目标的重要性，并将其与企业风险偏好联系起来。

企业风险管理架构新增了三个风险管理要素："目标制定""事项识别"和"风险反应"。此外，风险管理架构更加深入地阐述了其他要素的内涵，并扩大了相关要素的范围。在控制环境要素上，企业风险管理架构将"控制环境"扩展为"内部环境"，更加直接、广泛地关注风险如何影响企业的风险文化。在风险评估方面，企业风险管理架构建议从固有风险和残存风险的角度来看待风险；还要求注意相互关联的风险，确定一件单一的事项如何为企业带来多重的风险。在信息与沟通方面，企业风险管理架构扩大了企业信息和沟通的构成内容，认为企业的信息应包括来自过去、现在和未来潜在事项的数据。

总的来讲，新的架构强调在整个企业范围内识别和管理风险的重要性。COSO委员会强调风险管理框架必须和内部控制框架相一致，把内部控制目标和要素整合到企业全面风险管理过程中。因此，风险管理框架是对内部控制框架的扩展和延伸，它涵盖了内部控制，并且比内部控制更完整、有效。

第二节　高校内部控制

一、高校内部控制定义

高等院校是按照国家有关标准和一定的审批程序设立，从事科研、教学任务，为社会输送各行各业所需人才的机构。按照高等院校资金来源分为公立院校和民办院校。公立院校所有权为国有，是以国有资本等财政经费设立，而民办院校是由企业事业组织、社会团体及其他社会组织和公民个人及其他教育机构利用非国家财政性教育经费，面向社会举办的高等院校。本书研究的对象为公立院校。根据《事业单位登记管理暂行条例》可知，事业单位是指国家为了社会公益目的，由国家机关举办或者其他组织利用国有资产举办的，从事教育、科技、文化、卫生等活动的社会服务组织。高等院校为事业单位，其内部控制适用于财政部于2012年11月29日颁布的《行政事业单位内部控制规范（试行)》相关的规定。

根据相关规定，行政事业单位内部控制目标为合理保证单位经济活动合法合规、资产安全和使用有效、财务信息真实完整，有效防范舞弊和预防腐败，提高公共服务的效率和效果。结合企业内部控制理论，可以将高校内部控制定义为：高等院校的各级管理层为了保证经济活动的合法合规、提高资源的合理配置、维护资产的安全性、确保财务信息的真实可靠、提高公共服务的效果和效率而采取的一系列控制措施、方法和程序，以防范和规避风险。

二、高等学校内部控制的目标

根据试行的《行政事业单位内部控制规范》中内部控制的目标：合理保证单位经济活动合法合规、资产安全完整、财务信息真实准确，提高公共服务的效率和效果。本书认为高校内部控制的目标应与此一致：

一是合法性。高校经济业务活动合法合规，高校的各项经济业务活动必须遵守国家的法律及遵照事业单位、高校相关的规章制度，以此为准绳，开展各项活动。

二是安全性。资产安全完整，高校健全的内控制度能避免学校资产丢失、非正常损坏，减少人为因素造成的资产流失，切实从制度上确保资产的安全完整。

三是可靠性。财务信息真实、准确，客观真实的财务信息才可以使高校确定自身的发展和规划，使各项计划更加准确，为高校的科研、教学、管理提供了支持和帮助。同时在一定范围内公布财务信息，能够提高高校在广大师生心目中的地位及在社会上的声望，树立良好的形象。

四是效率性。提高科研教学以及管理的效率和效果，要求高校结合自身管理和提供服务的环境，通过健全有效的内部控制，不断提高科研教学以及管理的效率和效果。

三、高校内部控制原则

高校内部控制原则如下：

（1）全面性。高校内部控制活动应该贯穿于高校的科研、教学、管理等活动。包括单位层面和业务层面的活动，包含但不限于财务活动、采购活动、基建活动等，同时也体现在任何一项活动的计划、实施、监督阶段，而不是单纯的某一项活动的某一阶段。

（2）重要性。高校筹措资金来源渠道的多元化，使得高校资金不再仅仅只是依靠财政资金，导致管理活动十分复杂。内部控制应在兼顾全面性的原则下，权衡重要性程度，对重大经济活动进行重点管理。

（3）制衡性。高校包含的各级学院（部门）较多，在进行内部控制时，应遵循不相容职务分离的原则，对经济活动的执行、决策、监督应当进行有效的分离，同时做到责权对等，相互制约，防范规避风险。

（4）适应性。由于内部控制本身比较抽象，导致在执行过程中就会出现对有关要求的生搬硬套，不能灵活实施。在复杂多变的外部环境下，实施内部控制就要适应环境，在实施的过程中来不断调整内部控制程序，当外部环境发生重大变化时，要对内部控制进行分析调整。

四、高等学校内部控制特点

本书研究的高校为国有公立高等学校，属于非营利组织的性质，是我国事业单位的组成部分，遵守事业单位相关经济法规制度。研究高校内部控制的特点，可通过对比事业单位与企业内部控制的区别、高校与事业单位内部控制的区别，结合高校自身的特点，总结归纳出高校内部控制的特点。

（一）事业单位与企业内部控制的区别

行政事业单位相比企业来说，由于不以营利为目的的独特性质，内部控制存在以下几个方面的不同：

（1）内部控制的内容方面。行政事业单位主要涵盖单位层面和业务层面两部分，单位层面主要包括会计与信息系统、组织框架、运行机制、单位文化、监督评价等方面，业务层面重点包括预算管理、收支管理、政府采购、资产、建设项目、合同六个方面的内容；而企业内部控制的内容是围绕着价值链的，包括采购、加工、销售等各方面。

（2）内部控制的目标方面。事业单位与企业内部控制目标的相同之处在于都要确保自身各项业务活动能够遵守法律法规、资产安全完整、各种财务信息证实可靠，区别在于事业单位是不以营利为目的的，服务于社会，内控的目标是提高事业单位为社会或所在领域服务的效率与效果；企业是以营利为目的的，实现利润最大化，因此内控的目标是不断提升企业的经济效益，使企业得到长足稳定的发展。

(3) 内部控制的原则方面。两者在内部控制时，内部控制的原则都需要考虑全面性、重要性、制衡性、适应性。区别在于事业单位不以营利为目的，财务活动涉及税收的甚少，在日常财务管理时很少考虑成本、费用等因素，而企业更加注重成本和效益，在日常生产经营时要考虑生产成本、所花费的各类费用，以及最后的收益等，在进行项目决策时还要进行成本效益分析。

(4) 内部控制的控制活动方面。事业单位是非营利性组织，内部控制涉及的控制活动是事业单位各自业务活动以及预算执行情况和结果，体现在预算管理、各项收入与支出、物资设备采购、固定资产管理、建设项目等方面；企业是营利性组织，内部控制与其生产经营活动紧密相关，业务活动从采购、生产到销售环环相扣。

(5) 内部控制的监督方面。事业单位内部控制的监督主要靠内部审计和纪检监察部门，以及上级分管部门检查和上级审计部门的监督，由于相关信息不对称，外部监督力度较小，主要依靠上级纪律检查部门；企业除了内部审计部门外，还依托会计师事务所进行审计，上市公司的财务报告还要接受社会公众的监督，总的来讲监督力度较大。

(6) 内部控制的研究及重视程度有差异。事业单位内部控制理论研究较晚，缺乏成功的经验借鉴，内部控制体系不完善，单位领导主要重视本单位社会声望，将社会效益排在首位，对内部控制重视程度不够；而企业内部控制的研究起步早，发展相对成熟，并且企业的经济效益直接关系到自己的经济利益，所有者的收益与此密切相关，因此对内部控制重视程度较高。

（二）高等学校与事业单位内部控制的区别

高校和事业单位在内部控制的原则上是相同的，但是由于高校业务活动的不同，导致高校内部控制目标、控制活动、复杂程度与其他事业单位不同。

(1) 内部控制目标有所差异。高校内部控制总体目标符合事业单位内部控制目标，但是在具体目标方面还存在差异：高校内部控制的目标是科学配置学校资源、努力节约支出、提高资金使用效益、规范学校经济秩序，对学校经济活动的合法性、合理性进行监督，为培养人才，开展教学、科学研究和社会服务，保证教育教学质量达到国家规定的标准而服务的。

(2) 在控制活动、范围、复杂程度上有所区别：

1）高校与事业单位内部控制的主要区别在于高校业务活动较为独特，导致控制活动不同。高校的教学工作区别于其他事业单位的业务活动，是高校工作的中心，在教学方面，学校的各级领导都较为重视，因为学校教师队伍素质的高低、日常教学管理水平的高低会直接影响教学质量的好坏。因此，加强对教师的培训、日常教学的管理，是十分重要的。高校的科研任务也区别于其他事业单位的业务活动（除了科研单位外）。随着高校进一步的发展，承担的科研任务逐步增多，课题经费包括横向课题经费、纵向课题经费等，因为资金数额大，加之部分科研人员对经费的使用存在一些错误认识，所以在使用中存在虚报、不按时结账等情况，因此加强科研经费的内部控制也应纳入高校控制活动中。高校收取学费等工作也是高校特有的，在此过程中，工作量大，收缴方式有直接缴纳或者通过银行卡等，还有的高校举办各类培训班以及设有一些函授站等，需要到外地收取学费，这些都需要建立健全内部控制的制度，加强内部控制建设。

2）高校与一些经济业务活动较简单的事业单位（如博物馆、培训中心等）相比，在内部控制的复杂程度上有所不同。随着高等院校进一步的发展，高校收入来源从单一走向多渠道，高校开展教学和科研等业务活动的资金来源主要有财政补助收入、事业收入、经营收入等，但一些收入属于专项资金性质，要求只能用于专门的项目；高校支出多用于教学支出、科研支出、后勤支出、其他业务支出等。高校的经济业务活动除了财务上的收支业务外，还涉及预算、基建、采购、资产管理等许多方面，加之学校的师生员工人数也比一般的事业单位要多，因此涉及的相关经济业务活动也较多，这些在无形中都扩大了高校内部控制的范围，而其他的一些经济业务比较简单的事业单位，像政府下属的一些事业单位如博物馆、培训中心等，控制活动也就比较单一。由于高校经济业务活动较多，相应内控范围较广、较复杂。

（三）高等学校内部控制的特点

1. 高等学校的特点

高等学校的特点如下：

（1）经营目的的非营利性。高校作为培养人才的基地和摇篮，不以营利作为主要目的，尽管有的高校办了一些校办产业等，但是这些都不是高校的首要工作任务。高校的首要任务是根据国家的计划进行招生，培养各学科的、各领域的人才，提供科学研究成果和相关的服务。

（2）所有权的国有化。财政拨款目前是高校的主要财政来源，国家作为高校的出资方，拥有所有权，委托高校的负责人对高校进行管理，在我国实行的是党委领导下的校长负责制。

（3）教学科研与管理的并重性。高校作为行政事业单位，行政管理十分重要，同时由于担负着科研教学任务，使得科研教学成为高校管理中的另一个中心，因此，教学科研和管理这两个方面的平衡，成为高校管理的特色。

（4）经济业务活动的多样性。随着高校的发展，除了正常的教学活动外，还涉及基建、采购等经济活动，范围相对较广，情况相对复杂，这从某种角度上讲也增加了内部控制的难度。

2. 高等学校内部控制的特点

高等学校内部控制的特点如下：

（1）高校内部控制最主要的特点是其业务活动的独特性导致控制活动的独特性。高校的教学和科研（除科研单位外），以及学费的收取等是独特的业务活动，区别于其他单位的业务活动，由于这些业务活动不同导致控制活动不同。科研经费如何更好地发挥效益，规定应在哪些范围内列支，如何确定审批权限，如何真正将科研经费落到实处，在学费以及各种培训班费用的收取中如何加强管理、规范收费的流程，这些活动都属于活动范畴。

（2）高校的性质和业务活动的特点决定了高校内部控制区别于其他经济业务较简单的事业单位，其内部控制的主要特点归纳如下：

1）内部控制范围上具有广泛性。随着高等院校进一步的发展，高校的经济业务活动除了财务上的收支业务外，还涉及预算、基建、采购、资产管理等许多方面，在无形中扩大了高校内部控制的范围，都应当涵盖到高校的内部控制的内容中，同时高校内部控制还应当包含组织机构的设置、重大经济事项议事决策机制、不相容岗位分离、内控队伍建设、信息化建设等保障措施，以上这些控制活动、组织机构与保障措施等都需要纳入高校内部控制的框架体系中。

2）内部控制内容上具有复杂性。首先，现阶段高校经济活动多元化，存在多种性质的经济实体，既有从事教学、科研活动的单位，又有从事服务性、生产性的单位，有的部门“收入比支出多”，还有的部门“只有支出没有收入”。其次，高校经费来源呈现由单一性走向多元化以及支出的多用途性，经费来源有财政拨款、捐助、贷款等，高校的收入项目包括了收取的学费、住宿费、培训费、开展科研及其辅助活动的收入、利息收入等，还有的学校具有经营收入、校办企业收入；支出项目包括了教职员工的工资、奖金、社保、公用经费、科研和教学建设支出、基建和采购支出等。最后，高校的经济活动涉及预算、采购、后勤基建各方面，会计业务量大，核算体系包含内容多，如预算会计、基建会计、企业会计等，核算内容较复杂。

3）内部控制目标具有多元化趋势。随着高校的发展，其内部控制不仅仅要保证资产安全、各类财务信息的真实准确，还必须保证采购、筹资、基建等各类经济业务的合法合规。高校作为事业单位，具有非营利性的特点，加之高校具有科研、教学、管理并重的特点，高校内部控制的目标还应当包括高校结合自身管理和提供服务的环境，加强自身管理的控制能力，通过健全有效地内部控制，不断提高科研教学以及管理的效率和效果。

五、单位层面的内部控制

根据财政部2012年颁布的《行政事业单位内部控制规范（试行)》，并结合教育部2016年颁布的《教育部直属高校经济活动内部控制指南（试行)》的规定，高校单位层面的内部控制即为控制环境方面的内部控制，主要包括发展规划、内部控制组织架构、运行机制、关键岗位与人员、会计与信息系统几个方面。

（1）发展规划。发展规划是高校结合自身的实际情况，并对未来的预计等各方面的信息进行考虑，制定的高校战略规划和发展愿景。发展规划是高校发展的一个指引方向，其内部控制主要体现在，高校应该设置独立的发展规划部门，明确各岗位的职责权限，在制定发展规划时，应当进行充分的论证，将规划逐步分解，落实到各个发展阶段，明确各个阶段的目标和主要的工作重心，并对发展规划的过程不断监督调整。

（2）内部控制组织架构。高校应当在相关法律法规、章程的规范下，科学合理地设置部门、岗位和职责，规范相关的业务流程，制定业务流程图和组织框架结构图，将各项经济业务活动进行归纳整理分析，对各项机构设置的合理性进行评估，避免岗位间的交叉、权责过于集中等导致管理混乱。并建立内部控制建设管理部门或者确定牵头部门，由高校党委负责内部控制的领导工作，对重大经济事项进行集体决议，支持校长在权限范围内从事内部控制工作。

（3）运行机制。为实现高校内部控制目标的内部运行和制衡机制，包括决策机制、执行机制、协同机制、监督机制等。由高校确定重大经济事项、重大支付金额的范围，对重大事项进行集体决策，并做好相关的记录工作。在运行机制中，决策与执行、执行与监督等岗位应当分离，充分发挥内部监督检查机构的职能，对重大事项的执行进行有效监督，确保实现既定的目标。

（4）关键岗位与人员。高校内部控制关键岗位应当包括预算管理、收支管理、政府采购、资产、建设项目、合同管理等。高校应当明确关键岗位人员的任职条件和职责，在选拔关键岗位人员时应当遵循公平、公开、公正的原则，招聘符合岗位要求的人才，做到因事设岗、以岗选人，不断加强关键岗位人员的职业道德素养，提升业务能力，同时高校也应当对关键岗位人员制定定期轮岗制度和相应的退出机制。

（5）会计与信息系统。会计与信息系统包括会计系统与信息系统。会计系统是指高校按照《中华人民共和国会计法》等法律的规定设置会计机构，配备财会人员，制定高校的财务管理制度和业务流程，对高校的经济业务进行确认、计量、记录和归档等工作。高校应当明确相关岗位的工作要求和任职条件，随着环境的不断变化，同时也应加强对财会人员的后续培训工作，提升财会人员的业务能力，防范风险的发生。信息系统要求高校运用一定的技术，将经济业务活动嵌入到信息系统中，使得学校各学院（部门）能相互沟通、信息共享，提高办事效率和管理水平。在信息共享中，应当对其信息系统的安全性进行控制，建立用户管理、泄密和责任追究等相关制度。

六、业务层面的内部控制

《教育部直属高校经济活动内部控制指南（试行）》中将业务层面的内部控制分为预决算管理、固定资产管理、收入管理、支出管理、债务管理、合同管理等14项内容。其中主要6项内容简介如下：

（1）预算管理。高校应当建立健全的预算议事决策机制和监督检查机制，确定高校的预算归口管理责任主体和相应的权利义务和业务流程。预算的编制应该在总结以前年度预算执行相关情况后，结合高校的发展目标进行制定，预估当年收支情况，将整体的预算绩效目标进行拆分，由每个学院（部门）负责编制，然后财务部门进行汇总审核，对预算进行论证。预算审批通过后，将预算收入和支出进行拆分，下达到个学院（部门），确定每笔预算资金的责任人，在预算的执行过程中，财务部门应当发挥核算和监督责任，监督各责任单位按照规定的标准取得各项收入，按照规定的用途使用资金，定期分析预算执行情况，发现执行过程中的问题并及时反馈。根据预算执行结果编制年度报告，并对预算执行情况进行审计，对预算的结果在校内通过横向或纵向对比分析，为以后年度的预算提供决策依据。预算管理应该重点关注的风险包括：预算的编制不符合发展规划和高校的资产配置情况、执行不规范、未进行预算评价分析和财务部门编制的预算数据来源不真实。

（2）收支管理。高校的收支活动包含收入和支出，是指高校从事科研、教学和其他活动而取得或耗费的非财政偿还资金。财务部门应当对收入进行统一管理、统一核算，及时足额地将资金存入银行账户，严格按照收费项目和标准进行收费，建立健全的收入退付管理制度和收入票据管理制度。高校应当建立与支出有关的决策、审批与监督机制，按照审批—审核—支付—核算和归档流程办理支出业务。收入管理应当重点关注的风险有：收入确认有误、长期挂账，应缴非税收入不及时，私设收费项目，收入不相容岗位的设置未分离。支出管理应当重点关注的风险包括：支出与预算不符、授权审批程序不完善、报销审核不严格、非真实合法的票据。

（3）政府采购。高校应当设立采购管理部门或者确定归口管理部门，明确采购环节不相容的岗位，建立采购审批制度，根据实际需求编制采购计划，降低采购成本。对于采购业务应当选择合适的政府采购方式，评估供应商，制定价格选择机制和招标评价方法，加强保密管理。建立严格的验收制度，严格审核预算、凭证和合同，完善付款流程，做好相关记录和归档工作。采购活动应当重点关注的风险包括：采购申请审查不严、采购方式不合规、未对采购主体资格进行调查、验收不规范、合同保管不当、付款审核不严格、采购合同审核不全面。

（4）资产管理。所谓高校的资产，是指能够用货币计量的经济资源，包括货币资金、无形资产、固定资产、对外投资和其他资产。货币资金的支付业务应该严格按照申请—审核—复核—支付的流程，严禁擅自挪用资金，不得有坐支现金、存在账外金库的情况，加强票据的管理，明确购买、使用、保管、核销等流程，规范银行预留印鉴的管理，严禁一人持有所有印鉴的情形。加强固定资产预算编制和支出管理、采购与审批管理，建立严格的验收制度，购入和处置的资产经过审批，做好相关记录，款项存入银行账户或上缴国库，并定期盘点固定资产。分类制定无形资产管理办法，加强权益保护，采取保密措施，定期清查无形资产。加强对对外投资项目的可行性进行论证，将集体决策形成书面记录，及时全面确认投资收益，加强对对外投资的监管、处置，建立对外投资问责机制。资产管理应该重点关注的风险包括：货币资金被挪用、贪污，对外投资项目可行性论证不充分，使用或者配置不当造成国有资产毁损和流失，无形资产权属不清和技术落后、缺乏有持续发展能力，不当的固定资产折旧和无形资产摊销处理。

（5）建设项目。明确基建和修缮工程的归口管理部门和相应的职责权限，对整体规划编制进行充分论证，适当情况下应当寻求外部机构进行论证，加强工程造价管理，保证概预算科学合理，择优选择具有资质的施工单位和监理单位，及时组织竣工验收和结算，并对完工项目进行评价，加强项目建设的资金管理，明确工程款支付的审批程序。建设项目应当重点关注的风险包括：立项未进行可行性研究、设计方案不合理、招标存在恶意串通、项目资金未落实、施工和监理未到位、竣工验收不规范、竣工结算不及时。

（6）合同管理。高校应当建立合同订立、审核等管理部门，对合同专用章的使用进行严格管理，在合同订立过程中，应当充分了解合同主体的经营状况、财务状况、内部管理、信誉等，明确合同双方的权利义务。对合同的履行情况进行有效的监控，明确纠纷解决途径和方法，财务部门按照合同的履行进度进行核算和付款。加强合同的信息保密安全工作，对合同进行登记管理，明确合同借阅等使用审批程序，建立合同履行情况评估制度。合同管理应当重点关注的风险包括：合同管理相关制度不健全、归口管理和执行责任主体不明确，合同内容条款不合法合规，合同订立后主观因素导致合同无法正常履行、保管不当。

第三节　政府采购的概念及相关内容

一、政府采购概念

政府采购是指各级政府为了开展日常政务活动或为公众提供服务，在财政的监督下，以法定的方式、方法和程序，通过公开招标、公平竞争，由财政部门以直接向供应商付款的方式，从国内外市场上为政府部门或所属团体购买货物、工程和劳务的行为。其实质是市场竞争机制与财政支出管理的有机结合，其主要特点就是对政府采购行为进行法制化的管理。政府采购主要以招标采购、有限竞争性采购和竞争性谈判为主。《中华人民共和国政府采购法》由中华人民共和国第九届全国人民代表大会常务委员会第二十八次会议于2002年6月29日通过，自2003年1月1日起施行。2014年8月31日，第十二届全国人民代表大会常务委员会第十次会议对《中华人民共和国政府采购法》进行了修正。

1. 定义

国内外对政府采购的界定有所差异。在我国，政府采购的法定概念是：《中华人民共和国政府采购法》中第一章第二条所规定的政府采购，主体是各级国家机关、事业单位或团体组织，采购对象必须属于采购目录或达到限额标准，或《政府和社会资本合作项目政府采购管理办法》所规定的政府和社会资本合作项目的政府采购（即PPP项目采购）；在广义上是指利用财政（拨款、自有或融资）资金进行采购，对采购主体以及对采购对象是否属于集中采购目录或是否达到限额标准均无要求，或是利用社会资本进行PPP项目采购；在狭义上是指对货物和服务的政府采购。

2. 采购制度

具体的政府采购制度是在长期的政府采购实践中形成的对政府采购行为进行管理的一系列法律和惯例的总称。具体来说，政府采购制度包括以下内容：一是政府采购政策，包括采购的目标和原则；二是政府采购的方式和程序；三是政府采购的组织管理。相对于私人采购而言，政府采购具有如下特点：（1）资金来源的公共性；（2）非营利性；（3）采购对象的广泛性和复杂性；（4）规范性；（5）政策性；（6）公开性；（7）极大的影响力。

政府采购的主体是政府，是一个国家内最大的单一消费者，购买力非常大。据统计，欧共体各国政府采购的金额占其国内生产总值的14%左右（不包括公用事业部门的采购）；美国政府在20世纪90年代初每年用于货物和服务的采购就占其国内生产总值的26%～27%，每年有2000多亿美元的政府预算用于政府采购。正因为如此，政府采购对社会经济有着非常大的影响，采购规模的扩大或缩小，采购结构的变化对社会经济发展状况、产业结构以及公众生活环境都有十分明显的影响。正是由于政府采购对社会经济有着其他采购主体不可替代的影响，它已成为各国政府经常使用的一种宏观经济调控手段。

3. 采购形式

政府采购的组织形式。国内政府采购一般有三种模式：集中采购模式，即由一个专门的政府采购机构负责本级政府的全部采购任务；分散采购模式，即由各支出采购单位自行采购；半集中半分散采购模式，即由专门的政府采购机构负责部分项目的采购，而其他的则由各单位自行采购。中国的政府采购中集中采购占了很大的比重，列入集中采购目录和达到一定采购金额以上的项目必须进行集中采购。

4. 政府采购范围

政府采购范围包括以下内容：

（1）采购主体。政府采购活动中的采购主体包括各级国家机关、事业单位和团体组织。国家机关是指依法享有国家赋予的行政权力，具有独立的法人地位，以国家预算作为独立活动经费的各级机关。事业单位是指国家为了社会公益目的，由国家机关举办或者其他组织利用国有资产举办的，从事教育、科技、文化、卫生等活动的社会服务组织。团体组织是指我国公民自愿组成，为实现会员共同意愿，按照其章程开展活动的非营利性社会组织。

（2）采购资金。采购人全部或部分使用财政性资金进行采购的，属于政府采购的管理范围。财政性资金包括预算资金、预算外资金和政府性基金。使用财政性资金偿还的借款，视同为财政性资金。

（3）采购内容和限额。政府采购的内容应当是依法制定的《政府采购品目分类目录（试用）》以内的货物、工程和服务，或者虽未列入《政府采购品目分类目录（试用）》，但采购金额超过了规定的限额标准的货物、工程和服务。

《政府采购品目分类目录（试用）》和政府采购最低限额标准由国务院和省、自治区、直辖市人民政府规定。

《政府采购品目分类目录（试用）》中的采购内容一般是各采购单位通用的货物、工程和服务，如计算机、打印机、复印机、传真机、公务车、电梯、取暖锅炉等货物，房屋修缮和装修工程，会议服务、汽车维修、保险、加油等服务。中央预算单位《政府采购品目分类目录（试用）》的采购内容还包括在中央部门内通用的货物、工程和服务，如防汛抗旱和救灾物资、医疗设备和器械、气象专用仪器、警用设备和用品、质检专用仪器、海洋专用仪器等。《政府采购品目分类目录（试用）》中的采购内容，无论金额大小都属于政府采购的范围。

以重庆市为例，除政府集中采购目录以外，市级单次采购金额达到 20 万元以上的货物和服务类项目、30 万元以上的工程类项目，采购人应按照《中华人民共和国政府采购法》及其实施条例等规定，实行分散采购。区县可参照市级标准并根据本地实际情况确定分散采购限额标准。

政府集中采购目录以外，采购限额标准以下的采购项目不适用《中华人民共和国政府采购法》及其实施条例的有关规定，由采购人按照公开、公平、公正、高效廉洁的原则自行组织实施，并做好相关内控管理。

属于分散采购范围的采购项目，市级采购人可自行采购或者委托采购代理机构代理采购，区县采购人可自行采购或委托当地公共资源交易中心代理采购。

达到市级公开招标数额标准的采购项目，如采购人不符合《政府采购货物和服务招标投标管理办法》(财政部令 87 号）第九条规定条件的，必须委托采购代理机构代理招标。达到区县公开招标数额标准的采购项目，如采购人不符合上述规定条件的，必须委托当地公共资源交易中心代理招标。

公开招标数额标准。政府采购货物或服务项目，单项采购金额达到 200 万元以上的，必须采用公开招标方式。政府采购工程公开招标数额标准按照国务院有关规定执行。

（4）地域范围。我国政府采购法律管辖的地域范围，是指在中华人民共和国境内从事的政府采购活动。

5. 遵循的原则

政府采购应遵循如下基本原则：（1）公开透明原则；（2）公平竞争原则；（3）公正原则；（4）诚实信用原则。

6. 采购对象及类型

政府采购有三类采购对象：货物、服务、工程。政府采购有四种基本类型：购买、租赁、委托、雇用。其中，购买特指货物所有权发生转移的政府采购行为；租赁是在一定期限内货物的使用权和收益权由出租人向承租人即政府采购方转移的行为；委托和雇用是政府采购方请受托方或受雇人处理事务的行为，工程的招标就属于委托。政府采购有两种途径：委托采购和自行采购。其中，委托采购是指采购人通过集中采购机构或其他政府采购代理机构进行采购。属于集中采购目录或达到采购限额的，通过委托采购途径。

7. 政府采购的功能

政府采购的功能如下：

（1）节约财政支出，提高采购资金的使用效益。实践证明，政府采购制度是一种集中与分散相结合的公开透明的采购制度。从国际经验来看，实行政府采购一般资金节约率为 10% 以上。

（2）强化宏观调控。发挥政府在国民经济发展中的宏观调控作用，推进保护国内产业、保护环境、扶持不发达地区和中小企业等政策的实施，需要制定政府采购法。

（3）活跃市场经济。政府采购活跃市场经济主要表现在：一是政府采购使政府正常运转需要的货物、需建的工程和服务，由政府自产、自建、自管转为全方位面向市场开放，可极大地活跃市场经济；二是政府采购的公开招标、竞争性谈判等方式，促使企业按市场经济的规律运行，不断提高产品质量，提高服务质量，提高产品竞争力等，也促使市场经济的活跃；三是政府宏观调控，加大投资，促进内需，大多通过政府采购渠道来进行。大量的政府采购行为使市场经济更加活跃。

（4）推进反腐倡廉。行政腐败是制约我国政治经济体制改革的重大问题，治理行政腐败不仅需要运用党纪国法的严厉制裁，而且需要从经济源头加以杜绝。大量的案例表明，政府购买过程中的钱权交易是滋生行政腐败的主要形式，因此，在实现政府采购市场体制化与公开化的基础上，通过政府采购政策，可以杜绝政府采购主体的行为规范，有效地、及时地铲除行政腐败的幼苗。

（5）保护民族产业。在政府采购市场中适度保护民族产业是发展中国家在对外开放过程中的必要措施，根据 WTO 的规定，我国的进口关税水平已降到极限，因此政府采购已成为重要的非关税壁垒之一。按照国际惯例，我们完全可以从国家安全、经济欠发达等方面制定一些具有保护民族产业的政府采购政策及相关的国内配套政策，在国际贸易中，这是保护本国政府采购市场，保护民族产业的一个合理、合法手段。

8. 政府采购的方式

政府采购的方式如下：

（1）公开招标。公开招标是政府采购主要采购方式，公开招标与其他采购方式不是并行的关系。公开招标的具体数额标准，属于中央预算的政府采购项目，由国务院规定；属于地方预算的政府采购项目，由省、自治区、直辖市人民政府规定；因特殊情况需要采用公开招标以外的采购方式的，应当在采购活动开始前获得设区的市、自治州以上人民政府采购监督管理部门的批准。采购人不得将应当以公开招标方式采购的货物或者服务化整为零，或者以其他任何方式规避公开招标采购。

（2）邀请招标。邀请招标也称选择性招标，由采购人根据供应商或承包商的资信和业绩，选择一定数目的法人或其他组织（不能少于 3 家），向其发出招标邀请书，邀请他们参加投标竞争，从中选定中标的供应商。条件：一是具有特殊性，只能从有限范围的供应商处采购的；二是采用公开招标方式的费用占政府采购项目总价值的比例过大的。

（3）竞争性谈判。竞争性谈判指采购人或代理机构通过与多家供应商（不少于 3 家）进行谈判，最后从中确定中标供应商。采用竞争性谈判的条件：一是招标后没有供应商投标或者没有合格标的或者重新招标未能成立的；二是技术复杂或者性质特殊，不能确定详细规格或者具体要求的；三是采用招标所需时间不能满足用户紧急需要的；四是不能事先计算出价格总额的。

（4）单一来源谈判。单一来源采购也称直接采购，是指达到了限额标准和公开招标数额标准，但所购商品的来源渠道单一，或属专利、首次制造、合同追加、原有采购项目的后续扩充和发生了不可预见紧急情况不能从其他供应商处采购等情况。该采购方式的最主要特点是没有竞争性。

采用单一来源谈判的条件：一是只能从唯一供应商处采购的；二是发生了不可预见的紧急情况不能从其他供应商处采购的；三是必须保证原有采购项目一致性或者服务配套的要求，需要继续从原供应商处添购，且添购资金总额不超过原合同采购金额10%的。

（5）询价采购。询价采购是指采购人向有关供应商发出询价单让其报价，在报价基础上进行比较并确定最优供应商的一种采购方式。采用询价采购的条件：当采购的货物规格、标准统一、现货货源充足且价格变化幅度小的政府采购项目，可以采用询价方式采购。

（6）竞争性磋商。竞争性磋商采购方式，是指采购人、政府采购代理机构通过组建竞争性磋商小组（以下简称磋商小组）与符合条件的供应商就采购货物、工程和服务事宜进行磋商，供应商按照磋商文件的要求提交相应文件和报价，采购人从磋商小组评审后提出的候选供应商名单中确定成交供应商的采购方式。符合下列情形的项目，可以采用竞争性磋商方式开展采购：一是政府购买服务项目；二是技术复杂或者性质特殊，不能确定详细规格或者具体要求的；三是因艺术品采购、专利、专有技术或者服务的时间、数量事先不能确定等原因不能事先计算出价格总额的；四是市场竞争不充分的科研项目，以及需要扶持的科技成果转化项目；五是按照招标投标法及其实施条例必须进行招标的工程建设项目以外的工程建设项目。

第三章　国外政府采购政策对我国高校政府采购的启示

第一节　美国政府采购制度及对我国的启示

一、美国政府采购制度简介

众所周知，政府采购制度对于加强财政支出管理，抑制采购过程中的腐败现象，具有十分重要的意义。美国实行政府采购制度已有200多年的历史，是政府采购制度最完善的国家之一。

1861年美国国会制定了一项法案，要求每一项采购至少要有3个投标人；1868年国会立法，确立公开招标和公开授予合同的程序。这个阶段美国的民用大宗物资采购都是由政府各个部门和行政机构分散采购，其特点是分散、重复、浪费和效率低。1949年美国国会通过了《联邦政府行政服务和财产法》，赋予美国联邦总务署为联邦政府的绝大多数民用部门组织集中采购的权力，统一了政府采购政策和方法，从而确立了美国政府集中采购的管理体制。《联邦采购条例》是专门的政府采购法规，有效地规范了美国联邦政府的货物、工程和服务的全面采购。

从1991年开始，美国渐渐完善政府采购体制和规则，实行集中采购和分散采购相结合的采购模式。美国于1994年颁布了《联邦采购合理化法案》，1996年颁布了《克林格尔—科享法案》等。美国政府采购的范围很广，各级政府为了开展日常政务活动或为公众提供公共服务的需要，按照法定的方式、方法和程序，利用国家财政性资金和政府借款，从市场上为政府部门或所属公共部门购买商品、工程及服务的行为，都属于政府采购的范畴。采购金额在2500美元以内的实行分散采购，采购金额在2500美元以上的实行集中采购。美国政府采购无论用什么样的采购方式，也无论多大的采购金额，都必须按照一定的步骤和程序进行。美国政府采购制度发展到现在，直接涉及政府采购的法律法规已多达500多部。

二、美国政府采购制度中控制与防范舞弊行为的基本做法

美国历史上政府采购的舞弊行为也曾经司空见惯，严重破坏了政府的形象。为控制与防范政府采购舞弊，美国在机构设置、采购方式与程序、选拔采购人

员、监督制约供应商及采购机关等方面采取了一系列的措施并取得了明显成效。

（一）政府采购的机构设置

实行“采购权、使用权、监督权分离”的管理体制。除国防部和交通部外，联邦政府其他机构及国会的政府采购统一由联邦总务署负责。联邦会计总署是政府采购的监督管理机构，直接对美国国会负责。总审计署办公室有权力对行政机关的采购计划进行评估，可以接触所有的政府采购文件，为行政机关的采购计划提出建议，对政府采购项目进行审计。行政管理与预算局也是美国政府采购的监督机构，负责制订每年的预算并送交国会审议和颁布。联邦政府采购政策办公室是政府采购的政策制定和协调机构，如果出现与政府采购合同相关的问题，将分析其原因并出台补救措施，并对采购机构产生约束力。

（二）政府采购的工作人员实行专业化管理

GSA 除少量管理人员外，大部分为专业采购（合同）官员。对采购官员的资格条件要求很严格，包括教育水平、培训情况以及工作经历等。例如有的州要求采购官员大学毕业，完成商业管理课程者优先；有成功和负责任的采购工作的管理经验；有关于市场条件和业务、现行价格、关税程序、仓储和会计的实际工作知识；完全熟悉获得竞争性而又最少标价的最好手段；了解合同法和合同程序等等。采购官员按级次管理，一般分为 5 级，级别越高，要求越高，权限越大。权限是指不同级别的采购官员直接签署不同金额的采购合同。定期对采购（合同）官员进行专业化培训，每人每年培训时间不少于 40 小时。采购官员经政府合同资格审核委员会审核批准其资格后，由部门行政首长任命。

（三）政府采购过程中“公开、公平、公正”的招投标管理制度

1. 高度集中的预算管理制度

美国所有政府部门的运行经费必须纳入预算，纳入预算的所有货物、服务和工程均需实行政府集中采购。通常情况下，没有预算不允许采购，也不允许超预算采购，更不允许挪用预算资金。政府机构购买力的大小，取决于一年一度的财政预算，国会通过“财政预算决议”，由财政计划管理人员、财政预算官员、财政管理及财政预算办公室、国会委员会以及国会的稽核部门——国会会计部监督财政预算执行。通过这些严格的预算程序，确保政府机构在财政支出上遵守法律要求，合理地使用财政拨款，提高财政资金的使用效率。

2. 公开竞争的采购方式

美国公共契约法规定政府采购必须通过完全而公开的竞争程序选定相对当事人。若要采用非竞争性程序（例如独家进货采购），必须说明原因并取得上级机

关的批准。在采购方式上，原则上政府应该优先采用密封招标的方式，但对于不太依赖价格因素的决标，或有与投标人进行讨论之必要时，政府机关可以采用竞争性项目建议书的方式进行决标。为了实现充分竞争，政府必须花大力气向所有潜在的投标人发布采购信息。所有的投标文件必须向公众公开，项目的计划和技术指标的起草必须取消限制性，以避免不必要地排除潜在的承包商。计划和技术指标中应没有模棱两可的语言，以保证所有的投标文件采用的是同样的项目要求。所有投标人有权在开标后检查标的，开标后要向来签约的商家及感兴趣的公众公布与政府签约的商家名称，所有记录在任何时候都要向对这些合同感兴趣的人开放，以便接受检查。

3. 严格的合同管理

《联邦采购条例》针对公共契约的性质制定了各种统一的契约格式。格式合同的使用可以更好地促进采购的标准化和程序化，从而更好地提高采购效率。《联邦采购条例》对合同类型的选择适用有严格的规定，除了根据有关规定可以对合同类型作一定变化之外，法律没有规定的合同类型不得使用，并规定，成本加按成本定比例的酬金的合同谈判方式是被禁止的，同时，每份合同文件都应包含表明为什么选择这一合同类型的内容。政府机关如要单方面变更和解除合同，应该公开说明理由，并应对合同相对方所受损失做出适当的补偿或赔偿。同时政府的这种权力受到法律和司法审查的限制。合同相对方对政府机关的监督控制权有异议时，可以向法院提起诉讼。合同如需变更，必须经法定的程序，以官方正式书面的合同修改的形式进行。对合同的修改不能超越原始合同的大致范围；如果是大量的修改，应该通过另行招标或竞争性谈判单独订立合同。值得借鉴的是，在美国许多政府承包合同都要求承包商给政府提供一个第三方作为执行合同的担保人，通常是由保险公司提供担保，政府可以在中止合同后向保险公司提出索赔。

4. 审查承包商的公益代位诉讼制

法律通常要求承包商为他们对政府的陈述的真实性加以证明，并且还对在合同中出现的任何虚假的说明和虚假的索赔要求施加处罚。这些处罚规定扩大到了承包商违反合同中的技术指标，在工程中以次充好，损害公共利益的范畴。承包商在承包合同时如果出现违犯了道德义务的情况可能会被禁止在一定期限内参与政府将来的合同，而以权谋私的官员也要受到行政处罚。为防止政府采购合同的承包商向政府为不实请求以获取不当利益，美国政府出台了《防制不实请求法》，规定了公益代位诉讼制度，即私人或团体依法可以以政府的名义并为自己的利益，以对政府为不实请求行为的法人或个人为被告，代位政府提起告发诉讼，胜诉或经和解之后，有权利取得政府受赔偿数额的一定比例款项作为自己的报酬。为保护告发人，《防制不实请求法》规定了防报复条款。任何受雇人如果因为提起或将提起公益代位诉讼，包括为促进或协助案件调查、起诉及作证等，而遭解职、降职、停职、威胁、侵扰，或受到其雇主在雇佣条款与条件上任何的歧视，有权获得所有必要的救济，以补偿该受雇人所受损害。该制度不仅对供应商起到了较好的威慑作用，而且对政府采购领域经常发生的集团性经济犯罪起到了良好的解构作用。

5. 救济第三人的异议制度

为确保使用公共资金的采购机关对其采购行为负责，美国实行救济第三人权利的异议制度。所谓的第三人是指所有参加采购程序竞标但未能中标成为契约一方当事人，或者有权参加采购程序但未能参加的承包商、供应商。当第三人认为采购机关的采购行为违背了公开、公平、公正原则，或者违反了法定的采购程序，从而导致第三人受到不合理待遇，丧失缔结机会或未能参与投标，并因此受到直接经济利益影响时，第三人有权向有关部门提出上诉。这些投标投诉可以要求公开招投标的全过程，包括投标文件的评估，以便社会公众审查。胜诉的上诉人可以成功地使发放的工程合同无效并且重新对一个项目进行公开招投标工作，或者至少可以从政府那里收回他们准备投标文件的费用。美国政府采购制度的一个重要方面是政府决心保证政府招标制度的正直无私性和公众对它的信任，尽管由于招投标程序的反复和重新开始会带来较高成本和低效率。因为政府需要起草报告为它的行为辩护，而原告要对政府的文件进行调查，如果有必要，还应对政府官员进行交互调查。这个程序对第三方是公开的，所有这些程序给那些在不公平合同实践中受到损害的一方获得公正待遇提供了方便的途径。救济第三人权利的异议制度，通过赋予具有专业背景知识的供应商向政府提起挑战的权利，从而能够确保每个供应商都有机会参与采购程序，依照同样的标准接受决标审查，从而实现采购程序的公平性。

三、对构建我国政府采购廉政机制的几点启示

对构建我国政府采购廉政机制的几点启示为：

（1）构建完备的法律法规体系，是规范政府采购行为的前提。在美国，作为采购部门，采购什么商品、钱从哪里来、用什么方式采购、怎么支付、谁来监督等都有具体规定。作为供应商，从哪里获取采购信息、是否具备采购资格、怎样签订合同、有争议时如何诉求等都很明确。虽然我国已颁布政府采购法和一些配套法规，但仍远不能满足全面推进政府采购制度改革和规范化管理的需要，实际运作中还存在一定差距。特别是还缺乏“对采购质疑和仲裁程序的规定”“防止供应商欺骗政府的规定”“对政府采购人员的专业资格要求”等大量配套法规，因此，我们需要借鉴国外的经验，尽快完善政府采购法律法规制度体系，以规范采购行为。

（2）加快政府采购的电子信息化建设，是促进政府采购廉洁高效的有力手段。美国的政府采购信息化程度很高，建立了完备的数据库，并大量使用电子采购、网上竞拍、采购卡等电子采购方式，既提高了效率，也减少了人为操作的因素。我国各级政府已建立了较好的信息网络，应积极探索和发展以信息技术为支撑的政府采购新方式，实现政府采购管理和操作的电子化。特别是要对供应商、采购合同实现电子化管理，增加网上竞拍等电子化采购方式，增强政府采购的透明度，将政府采购信息发布媒体由报刊转变为网络，降低成本。

（3）建立政府采购信息公开机制，是打造政府“阳光采购”的关键。美国一系列有关政府信息公开的法律法规，基本遵循了这样一条指导原则：除了涉及国家秘密和个人隐私等信息外，任何人都可以查阅政府信息；如果向政府请求信息被拒绝，可以请求司法救助；政府负责文件和信息保密的举证责任。这条原则确保了采购信息必须“全面、充分、彻底”地对外公开。而我国在实际工作中，许多政府采购信息都没有对外进行实质性的公开，有的仅仅只是在当地进行了公示，甚至有的没有对外公开就暗箱操作完毕，极大地损害了政府采购的形象。对此，各级政府采购监督管理部门要制订一套具有可操作性的政府采购信息公开制度，力促采购信息能够全面、充分、彻底地对外公开，让政府成为信息公开的义务人。

第二节　韩国政府采购制度及对我国的启示

政府采购是国家财政制度的重要组成部分，也是宏观经济调控的必要手段。政府采购制度的完善有利于构建公共财政框架，规范财政支出管理，提高财政资金使用效益，落实重大经济政策目标。韩国作为一个发展中国家，特别是新兴工业化国家，其政府采购制度具有很强的代表性。韩国是亚洲国家中较早实行政府采购制度的国家，在历经多次改革后已日趋完善，不仅具有完善的政府采购体制和运行机制，而且还建立起了较为完备的采购网络系统，这对于提高政府采购的透明性、规范性、竞争性和效率性，都起到了十分重要的作用。

一、韩国政府采购制度的建立与发展

1949 年，韩国建立了第一个政府采购局，即外资总局，任务是负责管理外国援助的物资和采购政府所需的外国物资。1955 年韩国将外资总局调整为“外资厅”，其主要职能是运用政府外汇基金、外国援助基金和政府贷款等，进行广泛的政府公共采购任务。20 世纪 60 ~ 70 年代，是韩国现代化经济发展的起步阶段，韩国政府将“外资厅”的职能进行了重新规划，统一负责对外采购和国内采购、重点工程所需原料储备采购，以及其他政府采购业务。当时，韩国虽然不

是 GPA 的初始缔约国，但是从 1979 年开始，韩国便积极努力开展申请工作，并于 1979 年、1980 年和 1982 年连续三次向世贸组织政府采购委员会提交了不同的出价清单，且每次都扩大了清单中所包含的实体范围，直至 1994 年提交的出价清单，才获得 GPA 各缔约国的满意。韩国政府从 1979 年第一次尝试加入 GPA 的 15 年之后，最终成为 GPA 的缔约国。

韩国的 GPA 谈判之路，体现了韩国政府不断完善采购制度的艰难历程。韩国为此不仅对与政府采购协议的相关法律法规进行了必要的调整和修改，而且还重新建构了新的政府采购程序、统计数据搜集和报告体系，甚至培训了一批适应新的政府采购体系的工作人员。韩国自从成为 GPA 的成员后，政府采购的竞争程度和效率都有了很大的提高，可以更容易地进入其他 GPA 缔约国的政府采购市场，对于 GPA 政府采购市场的出口也随之呈现上升趋势。

电子化政府采购也是韩国政府采购制度发展中的一项重要环节，从 1997 年开始，在短短几年时间里韩国就已完成了政府采购电子化系统的组建。现如今，韩国的电子化政府采购已走在世界前列。目前，韩国政府采购电子化不仅是一种最主要的公共采购方式，而且也是贯穿全国统一的政府采购体系。基于此，1997 年韩国政府将“外资厅”更名为“调达厅”，使之成为政府公共采购的专门组织机构，并通过不断强化政府公共采购职能，更加有效地对政府所需物资进行集中采购和供应。

二、韩国政府采购制度的特点

韩国政府采购规模十分庞大，其总额度相当于国内生产总值的 1/10，并呈逐年增长的趋势。这其中，较完善的政府采购制度起到了至关重要的作用。韩国政府采购制度主要有以下四个方面的特点：

（1）具有较完善的采购法律体系。对于政府公共采购来说，只有具备了较完善的采购法律体系，以及与之相适应的实施细则，才能有效地保障政府采购市场的公平性和竞争性，实现政府采购的经济政策目标。对此，韩国政府经历了几十年的努力探索，形成了一套较为完善的法律制度体系，使政府公共采购活动能通过规范性的法律程序进行运作，从而取得了十分明显的效果。

韩国政府采购法律制度主要涵盖三个方面：

一是制定了《政府合同法》《政府合同法实施细则》《关于特定采购的〈政府合同法〉的特殊实施规则》等，这些法律文件构成了韩国政府采购的基本法律规范。其中，《政府合同法》是采购法律体系中的母法，并于 1995 年颁布实施，主要规定了政府公共采购的基本原则、实施范围和招标程序等。

二是关于招标工作的一些特殊性规定。如制定《招标采购细则法》《供应商或制造商的登记程序与资格的规定》《标底制定的程序与方法》等法规细则，以及《投标商资格管理》的法律规定等。

三是关于政府公共采购具体实施中的相关规定。国家投资管理部门规定了关于政府采购会计准则等，如《政府投资企业会计规则》。

总之，韩国在制定政府采购法律制度时，十分注重与世界贸易组织《政府采购协议》的有关内容相衔接。如1994年加入《政府采购协议》时，就对国内政府采购法进行了修改和补充，并强调要坚持国民待遇原则和非歧视性原则，明确规定了42个中央政府部门、15个地方政府部门和20多个政府投资企业为该协议的适用范围。

而根据国内其他法律所进行的政府采购，则不实行国际招标办法。如法律规定实行单一来源的采购项目，就是专门针对中小企业采购的，并包括了农产品、水产品和畜牧业采购、国防采购，以及承诺开放的服务以外的所有其他服务采购等。

（2）重视设立专门的政府采购组织。除建立较为完善的政府采购法律制度外，韩国政府也同其他发达国家一样特别重视设立专门的政府采购组织。1955年韩国政府便开始全面推行政府物资的集中采购制度，统一国内外采购，以配合政府各项政策计划的执行，提高政府工作效率，降低采购成本。为此，调达厅成为政府具体执行工作部门。

根据规定，韩国中央部门的政府采购中，价值在30亿韩元以上的工程采购项目、5000万韩元以上的货物采购项目，都必须由调达厅代为进行。地方部分政府采购中，价值在100亿韩元以上的工程采购项目、5000万韩元以上的货物采购项目也必须由调达厅代为进行。上述标准以下的采购项目，既可由政府各部门自行采购，也可委托调达厅代为采购。

调达厅是企划财政部下属的一个副部级单位，也是全国唯一的政府采购专职机构。虽然调达厅是企划财政部的下属单位，但业务是独立进行，厅长由总统直接任命，其主要职责包括：

一是为韩国政府各级部门在国内外市场上进行物资采购。具体而言，调达厅每年负责采购和供应的商品达140亿美元，占韩国公共采购总量的46%。

二是签订政府重大基础设施工程合同。调达厅签订的合同总额达140亿美元，占全部公共工程的39%。与此同时，调达厅还负责审查建设项目设计，为缺乏专业工程师的政府部门提供建设管理服务。

三是对原材料的物资储备和供应。调达厅的储备，如铝、铜、锌锡和建筑材料等主要原料，而且无论是在短期内还是长期，储备的原料都能够满足市场对产品的需求，起到了稳定物价、支持国民经济发展的作用。

四是协调和审计政府财产问题。调达厅的另一项重要职能是，协调监察院负责审查政府采购资金的使用状况，以及对公共工程中的公共投资合规性和效益性进行审查，并对违规行为给予必要的惩罚，如收缴违规违法资金、暂缓拨款或停止拨款等。

五是负责管理和经营网上政府采购系统（KONEPS）。KONEPS 系统负责为公共机构处理从招标、投标到供应商进行网上支付款项等，整个招标采购过程的事务。而调达厅则全权负责管理和经营系统的一切事务。

（3）采用先进的政府采购电子化系统。2002 年 10 月，韩国电子化政府采购系统开始运行，并为政府部门采购货物和建设工程提供服务。该系统采用了保证互联互通的国际标准，以确保系统的稳定可靠性。目前，韩国政府采购从电子化招投标、电子商城、电子合同到电子支付等，都已全部实现了采购电子化。该系统在使用方面具有三个主要特征：

一是实现单一窗口的公共采购。政府的公共招标信息发布都是通过此窗口，供应商一旦注册成功便能参加所有招标活动，电子化采购系统担任了韩国政府履行公共采购角色。

二是采购流程集中化。供应商从注册、投标、洽谈到支付等，整个采购流程都可以通过在线系统实现，并能迅速办理各项采购业务。

三是实行一体化服务。在线系统与 100 多家公共部门和私营部门进行了数据交换，实现了 160 多类文档的在线处理。如通过在线系统就能检查出供应商的纳税情况、信用等级等信息。

韩国政府自从采用 KONEPS 实施采购后，社会生产力得到大幅度提高，采购成本得到有效节省。目前，在 KONEPS 上发布采购需求的公共部门就有 43000 家，已注册的供应商有 223000 家。通过 KONEPS 进行的总交易量呈逐年上升的态势，年采购数量从 2005 年的 140779 件上升到 2011 年的 288533 件。据韩国政府部门统计，在 KONEPS 运营 10 年期间，共节省交易成本 45 亿美元。

与此同时，KONEPS 还实现了公共采购透明化，有效防止了权力腐败的发生，使采购信息实时在线公布，所有供应商都能均等获得采购信息。由于采用了电子化的签约模式，不仅取代了传统的面对面签约模式，同时也避免了政府官员干涉合同签订等问题的发生，这对于清除权力腐败、营造良好的公平公正氛围创造了条件。

KONEPS 的成功开发与运营得到了国际社会的普遍认可，2003 年被评为公共服务创新典范，获得了联合国公共服务第一的殊荣。自 2010 年起，越南、哥斯达黎加、蒙古和突尼斯等国纷纷向韩国模式学习，并通过引进韩国的 KONEPS 模式，为本国政府采购电子化系统提供技术服务。

（4）健全申述处理机制。针对政府采购中发生的争议性问题，以及为维护政府采购市场的公平正义性，韩国政府相继建构起了较完善的申述处理机制。例如，对国内政府采购过程中发生的投诉案件，由招标单位进行处理；如果投标人仍持有异议，可直接向法院提起诉讼，由法院最终解决。在国际招标过程中，如果投标企业认为采购人在采购过程中有违反政府采购协议行为时，可先向采购人提出质疑，并通过协商寻求解决方案。如果双方无法达成一致意见，投标企业可向韩国国际合同纠纷调解委员会提出申诉，请求裁决。国际合同纠纷调解委员会的工作职能主要涉及国际招标范围、投标企业的资格审查、招标通告的发布、政府采购合同的授予，以及其他违反政府采购协议的事项。调解委员会在接到投诉后，一般应在 50 天内进行调查并做出调解决议。在做出调解决议后，如果投诉人和被投诉人自接到调解决议 15 日内未提出异议，调解决议生效。而在必要时，该委员会也可命令延缓招标程序或中止授予合同，直至做出调解决议。

由此可见，韩国政府采购申诉机制与采购特点是相适应的，其申诉程序简单快捷，便于及时处理采购中发生的争议问题，这既保护了供应商的合法权益，也有利于提高政府采购工作效率，使政府采购程序纳入法制化的轨道。

三、完善我国政府采购制度的启示

（一）关注韩国政府建构采购制度的两个方面

通过上述归纳和分析，不难看出韩国政府的采购制度中确有许多方面值得我国学习和借鉴，包括政府采购组织的设立与管理、法律体系建构与完善、政府采购电子化平台的建立和广泛运用等。为此，有两个方面特别值得关注：

一是韩国政府采购的 GPA 进程。韩国是一个新兴的发达国家，在申请加入 GPA 时还只是一个发展中国家。中国同样作为一个发展中国家，在研究和学习韩国政府采购 GPA 进程时，十分具有针对性。1994 年，韩国政府自签署 GPA 后，并未立即适用该协议条款，直至 1997 年 1 月 1 日该条款才正式生效，这就为国内的产业和采购实体争取了近 3 年的过渡期。韩国政府正是利用了这段过渡期，不仅对某些采购政策和法律制度进行了必要的调整与修正，而且还重新制定了新的采购程序，并研发出政府电子化采购系统等。我国自 2007 年 12 月开始启动申请加入 GPA 谈判程序。至今 11 年过去了，而所准备的诸多条件中仍然存在着许多不完善之处，如在政府采购政策方面还有着较大的模糊性；在财政数据方面其公开性和透明度不高；在相关采购法律制度方面欠缺针对性；在电子化采购一体化方面存在着严重不足等。上述这些问题都是我国在准备加入 GPA 进程中亟待改进和解决的。

二是在电子信息化时代，政府采购电子化是各国政府采购发展的方向。韩国政府电子化采购作为先进的管理手段，之所以能获得成功，其主要原因在于政府的高度重视和大力支持。除此之外，国内成熟的网络信息技术的研发和运用，以及行业内具有一批改革热情高、专业技术性强的负责人的有力领导，都对推进政府采购电子化系统的研发和运用起到了关键作用。我国虽然早在 2004 年就已开始实施政府采购电子化，并建立起了“中央政府采购网”，但14年过去了，政府采购电子化的研发和运用成效并不显著，还存在许多问题。如采购电子化的法律体系不完善；各自为政，导致政府采购电子化互操作性弱；采购电子化交易平台设计不合理，缺乏标准化体系；采购电子化人才匮乏等。这些问题的存在，说明政府对采购电子化的重视程度还有待于提高。只有认识到采购电子化的真正意义，才能倾注全力重视它，使之成为提高政府工作效率、维护社会公平正义、杜绝腐败行为发生的有效制度。

（二）完善我国政府采购制度的路径

与韩国政府采购制度建设相比较，我国政府采购制度建设则显得相对滞后。因此，完善我国政府采购制度，是转变政府职能、发挥市场作用的关键。当然，在完善政府采购制度时，离不开“合作治理”的理念。因此需要不断完善法律制度和运行机制，确保各方主体的合法权益；需要借助电子信息化手段，提高工作效率，确保政府采购的透明性、规范性、竞争性和效率性；需要建构完善的救济制度，从而实现社会公平正义原则。

首先，完善政府采购法律体系。政府采购法律制度的建立，应是以公开公平公正为原则，以有效竞争为基础，以申诉制度为保障的三位一体。从法律体系上应从以下四个层面加以完善：一是以《中华人民共和国政府采购法》为中心，主要包括《中华人民共和国政府采购法》《中华人民共和国招标投标法》《中华人民共和国合同法》等。二是以《中华人民共和国政府采购法实施条例》为中心，主要包括《中华人民共和国政府采购法实施条例》、政府采购招标投标和政府采购合同监督管理办法，以及其他相关规定和办法等。这些规定是对政府采购法的具体解释和补充。三是以地方性政府采购法规为中心，包括省市自治区政府采购管理条例或办法，以及政府采购目录、审计监督、合同监督、招标投标管理办法、规定、通知等。四是以《中华人民共和国电子签名法》为中心，制定“电子招投标法”“电子合同法”“电子认证法”等。

其次，统一政府采购制度，强化组织协调机制。政府采购制度建立、完善和执行是由许多因素构成的，因此，需要组建一个具有整合协调各方资源的权威组织机构，担任此项工作。目前我国政府采购由两个主管部门负责，即财政部门负责货物和服务采购管理，国家发改委等则负责工程招标管理。在法规制定和执行管理中产生各自为政的现象，各级地方政府也同样如此。由于政出多门，严重阻碍了政府采购制度的统一。

为此，国家应该引起高度重视，成立政府采购管理委员会，统一组织领导，并制定相关的政策法规，完善政府采购制度。与此同时，政府采购要实行“管、采、监”分离的管理体制。例如，政府采购管理委员会主要履行“管”的职能，其下设政府采购管理办公室，具体负责政府采购政策制度的拟定、政府采购预算和计划编制、评审专家管理、社会代理机构认定管理、政府采购人员培训、资金支付管理和效益评估等，指导协调货物、工程和服务政府采购的全面工作。同时，各政府部门集中采购机构则履行“采”的职能，负责具体组织实施政府采购工作，以消除机构设置混乱局面。对于集中采购机构应赋予必要的管理职能，如负责对专家评审结果的复核，发现违规行为可提出纠正意见或向管理部门反映报告。

再次，加快推进政府采购电子化进程。采购电子化的有效性、公开性和透明性，不仅可实现可持续采购各项目标，同时也在引进公共监督和公共参与方面开辟了新的途径，因此，政府采购电子化发展方向已成为各国政府采购的必然之路。目前，韩国政府采购电子化已成为全球的典范，我国政府采购电子化还处于起步阶段，加快我国政府采购电子化进程已刻不容缓。

一是政府采购电子化应尽快纳入国家发展战略和规划中，才能确保采购电子化建设的全面实施，成为推动经济可持续发展的动力。韩国在实现政府采购电子化发展路径中，国家主导是关键。如果没有国家层面的主导，其各项工作实施起来将会面临层层阻碍。因此，我国应加强政府采购电子化的战略统筹和顶层设计，由财政部负责组织采购电子化平台的总体框架设计和建设，并制定出相关制度和实施细节，统一标准体系，强制推行。

二是在法律法规的建设上，为配合政府采购电子化发展的需要，对现存的《中华人民共和国政府采购法》进行必要修改和补充，增加政府采购电子化的定义以及相关内容。同时，商务部应该加强对电子商务相关法律的制定和完善，使政府采购电子化在良好的电子商务法律氛围中开展。

三是电子标准化的建设方面，国家电子政务标准化工作组、全国信息安全标准化技术委员会、商务部应明确各自分工、互相协调，在统一的规划下建立起相关的电子文档、电子目录、电子支付、电子商务服务，以及电子安全标准化，为政府采购电子化提供标准化支持。

四是加强人力资源培训和开发。政府采购电子化不仅是一种新技术的运用，更是一种新理念的发展。而新理念贯彻实施效果如何，关键在于人。政府采购电子化要求具有较高素质的专业人才，他们既应具备解决信息技术能力，又应具备快速反应和综合协调的管理能力，才能更好地适应新技术发展的需要。

最后，建构政府采购申诉机制。政府采购应该按照公平公正的原则实施公开招标。政府采购制度能否落实以及落实的程度如何，必须通过供应商的申诉机制来保障。申诉机制是对投诉中有关招标、评标和决议争议事项的相关程序性规定。

我国《中华人民共和国政府采购法》对质疑和投诉问题设立了专章，并规定了政府采购活动中的质疑和投诉的事项、时间、程序，对处理结果不服或者逾期未处理的，都可以依法申请行政复议或者行政诉讼。但从实际操作层面看，有些规定形同虚设，不能达到质疑和投诉制度的目的。为此，需要从以下几个方面进行完善。

第一，为了保证政府采购制度的完整性，以及政府采购制度有效的运作，应单独设立合同申诉委员会，并且规定受理申诉的具体程序以及申诉受理的结果。合同申诉委员会应具有独立性和公正性，与政府采购管理机构相分离，彼此之间形成一种相互制约机制。

第二，目前《中华人民共和国政府采购法》对申诉内容和范围规定过于狭窄，致使部分供应商失去了应有的申诉权利。因此，应将《政府采购协议》中的质疑内容和范围规定的再宽泛些，对采购过程中的任何可能违背《政府采购协议》的情况都应囊括进来。

第三，需要填补申诉处理的具体内容。质疑处理决定应当包括纠正违反《政府采购法》的行为措施，以及对质疑理由正当性、合法性、可行性等的评价内容，同时取消对供应商提出申诉、行政复议和行政诉讼前的限制性规定。换言之，当供应商如果就投标资格、材料规定等相关招标事项发生争议时，以及对复议决定不服时，都可以直接提出行政诉讼。

第三节　西班牙政府采购制度及其对我国的启示

西班牙的政府采购起源于1911年实施的《政府管理和统计法》，迄今已有近百年的历史。1965年，西班牙为避免大型工程采购腐败，专门出台了《政府采购法》。

西班牙在1986年加入欧盟前身欧洲共同体后，在欧盟的总体方针指导下进行政府采购电子化建设。2000年，西班牙中央政府开始应用电子化采购，其制度、流程和操作较为规范实用，电子化平台开发和使用进展顺利。西班牙自2007年起实施新的《国家公共行业采购法》，政府采购范畴全面扩展，不仅包含了大型工程采购，而且兼顾较大范围的公共采购，电子化应用水平取得进一步提高。

一、西班牙中央政府采购概况

西班牙的政府采购制度体系较为完备，中央和地方政府制定的政府采购相关制度规范约有90个。西班牙经济和财务部下设政府采购局负责中央政府集中采购。除中央政府各部门机关日常办公相关货物和服务的采购外，政府采购局还负责大型工程（如国家公路、通讯、交通等）投资项目采购。西班牙地方政府分为17个自治程度很高的大区，大区下有50个省，省以下有8112个市，另有直辖的2个自治市。地方政府主要负责本地教育、医疗、公路等投资。中央政府采购部门和地方采购部门没有隶属关系。地方采购一般不需要通过中央政府，当地方政府采购涉及国家整体利益时，由中央政府负责。地方也可自愿通过中央政府进行采购。国家对特殊行业还有独特的运作方式，比如社会保障、税务代理、央视运作、彩票管理、赌场管理等，也都通过政府采购选择供应商来运营。西班牙将有关公共利益的货物、服务和工程采购都统一纳入政府采购范围中，有利于提高政府采购规模效益，降低采购成本，防治贪污腐败，同时，采购范围更加广泛，目录内容丰富，充分满足了采购人的需求。

二、西班牙中央政府采购电子化建设情况

电子化采购在西班牙的政府采购项目中占有较大的份额，2008 年中央政府集中采购电子化采购额约为 2.5 亿欧元，约占中央政府全部采购额的 25% 左右，且以后将按照欧盟的要求加大电子化采购的推广应用。协议供货是西班牙中央政府采购的主要实施方式，电子化采购系统主要指协议供货系统。目前协议供货系统商品内容广泛，包括办公设备、办公家具、公务用车、安防系统、医疗器械药品及外包服务等九大类，基本满足了政府机构日常办公需要。

西班牙政府采购按照“公平、透明、合理”的原则发布采购信息，并根据金额或者重要性分级公布在欧盟或者本国媒体。西班牙中央政府开发了采购平台，由政府采购局信息部负责建设和运行维护，将中央政府各部门采购信息统一在一个平台上发布。地方政府方面，各大区也几乎都开发了自己的网站，通过一个网站对本区信息进行整合发布。为进一步确保电子化采购的合法性，西班牙政府采购系统正在逐步推广应用电子签名技术，电子签名系统由国家造币公司提供。

三、西班牙政府采购电子化建设规划情况

西班牙政府采购严格按照欧盟统一规划实施。从 1999 年开始，欧盟就致力于将公共采购法律体系进行调整以推进电子化采购，实现无歧视、公平、透明以及对国际的供应商公开。2004 年 4 月，欧盟委员会通过了一系列涉及电子公共采购的新的采购指令，将原有的四类分别制定的公共采购法合并为两个法规，即公共部门采购指令（2004/18）和公共事业部门采购指令（2004/17），为电子化公共采购提供了法律框架。新指令中关于政府采购电子化的规定具有划时代的意义。它不仅将政府采购若干关键的流程使用信息技术以法律形式进行了规定，还将电子签名纳入了法规之中。同年 12 月，欧盟委员会发布了实施电子公共采购法律框架的行动计划。

四、西班牙经验对建设我国统一的政府采购电子化平台的启示

根据 2009 年国办 35 号文件及新公布的《中华人民共和国政府采购法实施条

例（征求意见稿）》，国家已加快建设全国统一的政府采购电子化平台。统一的政府采购电子化平台可以最大限度地消除当前存在的政府采购信息孤岛现状，整合资源，实现高度的信息共享，从而提高政府采购管理科学化、规范化、精细化水平。通过统一的电子化平台，监管部门可以实现全方位、全流程、全动态的监督管理；执行部门可以取得科学准确的共享数据，提高采购效率和质量；采购用户可以方便地与监管和执行部门沟通，简化采购手续；尤其是通过统一平台可实现对专家、供应商、商品信息进行统一的资质、信用、编码等管理。总之，统一平台对加强信息共享，规范采购行为，防止重复建设，精简机构人员，节约财政资金具有直接作用，还将对降低采购成本，确保采购质量，扩大采购规模，促进建立公开、公平、公正、透明、和谐的政府采购体制和运行机制具有重大意义。

（1）明确建立统一平台是大势所趋。西班牙中央政府只建设一个采购平台，即经济和财务部下设政府采购局负责的电子化采购网站。中央部门的采购信息都在此平台统一发布，大区政府负责建设本区统一的采购电子化平台。这种方式适应了国际通行的中央和地方分级管理财政预算体制。财政预算管理体制决定了政府采购体制机制，政府采购体制机制决定了电子化平台建设运行维护的框架和模式。

（2）加快建设政府采购电子化相关制度和标准。国家有关部门应尽快制订相应的法律法规来确保电子化采购的合法性，制订制度规章来规范系统的建设和运营，明确统一平台的标准（数据标准、文本格式、操作流程、数据库标准、开发约定、运行维护服务标准等）。一般来说，平台是由各系统组成，应明确建设使用各方的相关职责等。虽然欧盟对各国建设政府采购电子平台有统一的要求，但仅限于方针政策和标准体系等方面的规定，欧盟并没有建设一个全欧盟统一的电子化采购大平台，而是要求各国根据情况建设适合国情的电子化采购系统，其中大额采购的公告信息发布必须同时提交到欧盟门户网站。

我国《政府采购信息公告管理办法》自 2004 年 9 月 11 日实施以来，对规范采购信息发布起了积极的作用，但对各级媒体分级发布的金额、媒体的资质管理要求、网络信息法律有效性没有明确。如果一味追求全国范围的信息告知，一方面是信息冗余，影响效率，提高了采购成本；另一方面，部分项目的信息渠道相对固定，进一步公开也不见得能取得更大程度的竞争。建议我国有关部门参考欧盟做法，完善政府采购信息公告管理有关制度办法。

（3）完善政府采购电子化相关体制机制。西班牙作为欧盟成员，一方面要遵守欧盟的统一约定，另一方面又要根据国情制定法律法规。在总体上看，政府采购实施过程顺利，适应了各方的需求，有效地兼顾了中央与地方、监管与执行、集中与分散采购之间关系，电子化采购效果也很好。政府采购体制机制的完善是顺利实行政府采购电子化的前提。我国电子化平台建设和运行维护，原则上应严格按照党的十七大对政府机构改革所要求的“建立健全决策权、执行权、监督权既相互制约又相互协调的权力结构和运行机制，推进权力运行程序化和公开透明”，做好与政府采购制度改革的结合，与相关机构职能设置相适应，坚持管采分离，权责明确。

由于我国的政府采购按照“管采分离”的要求来实施，我国的电子化平台建设不仅要建设一个中央级采购平台和若干省级采购平台，还应当将各平台分为监管系统和执行系统，分别由监管部门和集采部门建设运行维护。监管层次电子化指通过电子化实现针对政府采购的政策指导、规范信息发布、采购方式审批、控制预算支付、管理专家、处理投诉、实施审计和监察、实施诚信体系、管理职业资格等功能。

（4）协调电子化政府采购各方当事人的关系。西班牙等欧盟国家社会文化、政治经济发达，法律制度健全，体制机制相对完善，政府采购各方当事人关系相对简单。在我国还需要着力处理和规范以下各方的关系：

1）处理好中央与地方、监管与执行、集中与分散采购之间关系，明确各自的工作职责，认真研究是否全部在统一的平台上执行，还是保持现状，将需求简单电子化；协调各方职能，优化重组流程，建立全新的、统一与分步相结合的电子化采购平台。

2）政府采购是多向的，不仅要处理好监管与执行关系，还要处理好集中采购机构与服务对象的关系。集采机构是国家行政机关，代表国家行使采购执行职能，不但要做好服务，更重要的是要充分体现政策管理功能，这是与社会中介的重要区别之一。要配合监管部门，加强对供应商的管理，建设统一的供应商信用体系，保障采购人合法权益；加强对采购人的管理，比如合同执行监督、付款进度管理等，以保障供应商合法权益，维护国家机关形象。

3）充分发挥监察、审计等部门以及社会公众监督的作用。除兼顾以上两个方面关系外，还要加强监察、审计等部门的协调沟通，建设政府采购全方位的监管体系，杜绝规避集中采购，发挥社会公众监督的作用，使政府采购成为完全意义上的公开、公平、公正、透明的阳光工程。

目前我国地区、部门和行业发展仍不均衡，电子化采购平台的定位、目标和职责尚不清楚，监管和执行各自的权限职能也尚未厘清。我国政府采购制度以管采分离为重要原则，明晰各方职责定位、理顺管采关系，是政府采购体制建设的重要目标。监管与执行纳入一个平台运行，或者由一个部门建设、运行、维护，不符合管采分离原则。统一的电子化平台必须建立在权责明确、职能清晰的运行机制基础上，采用标准化的流程、界面、编码等工具，根据规定的职能和岗位特点，分级次、分地区使用和维护，实现个性化、分布式处理的功能。为此建议有关部门学习西班牙的建设经验，进一步完善我国政府采购体制机制，加快电子化政府采购理论和实践的推进，打造真正意义上的一流的电子化采购平台。

第四章　高校内部控制与政府采购的现状和存在的问题

第一节　高校内部控制的现状及存在的问题

我国对行政事业单位内部控制的相关研究开始于20世纪90年代，在这期间，我国陆续出台了相关法律法规对行政事业单位政府采购内部控制活动进行规范，涵盖的范围比较广泛，但是效果都不是很理想。随着近年来我国积极推进行政事业单位内部控制的建设，我国于2012年发布了《行政事业单位内部控制规范（试行）》，自2014年1月1日起实施。因此，在《行政事业单位内部控制规范（试行）》的引导下，如何完善高校政府采购内部控制体系的建设，是高校政府采购活动中需要解决的一个重要问题。

一、内部控制制度建设概述

我国自20世纪90年代陆续出台了相关法律法规对行政事业单位政府采购内部控制活动进行规范，如1999年颁布了《中华人民共和国招标投标法》，2001年发布了《内部会计控制规范》，2002年颁布了《中华人民共和国政府采购法》，2003年发布了《关于全面推进政府采购制定改革意见的通知》，2012年发布了《行政事业单位内部控制规范（试行）》，2014年颁布了《中华人民共和国政府采购实施条例》，2016年颁布了《中华人民共和国预算法》。

《中华人民共和国招标投标法》重点强调的是对招标采购的相关人员的行为进行合理监督，同时规定了相关当事人也应该积极配合监督人员进行合法监督。《内部会计控制规范》相比于《中华人民共和国招标投标法》，虽然也是强调对政府采购活动的监督，但是增加了视情况对高校政府采购活动进行必要的现场监督的规定，扩充了监督方式，在一定程度上丰富了监督形式。《中华人民共和国政府采购法》从监督管理的角度出发，规定应该建立监督管理部门对政府采购的相关过程进行监督、评价。《关于全面推进政府采购制定改革意见的通知》中有关规定监督管理部门的职责相对于《中华人民共和国政府采购法》中的规定更加具体、全面。监督管理部门的职责具体包括：将政府采购的政策制定切实做好；检查预算的编制是否合理，支付相应的资金是否有依据，对信息是否进行了合理的保管；监督是否对供应商的投诉进行了合理地处理，是否按规定定期对政府采购相关人员进行培训和检查集中采购机构业绩考核是否科学。《行政事业单位内部控制规范（试行）》强调了内部监督与外部监督。要求单位建立沟通协调、审核等监督模式；明确了主管部门应该对高校的内部控制建设进行合理的业务指导并且适当引进外部监督的职责。《中华人民共和国政府采购实施条例》是从采购代理机构的角度出发，在第十三条中明确规定了采购代理机构应当建立完善的政府采购内部监督管理制度，具备开展政府采购业务所需的评审条件和设施；并且还将内部监督管理制度建设及执行情况列为财政部门对集中采购机构的考核事项。修订后的《中华人民共和国预算法》明确规定了各级政府、各部门、各单位应当将政府采购的进度、结果及时进行相应的披露，向社会公开。

二、我国高校内部控制建设的现状

随着我国社会主义市场经济的不断发展和高等学校改革的持续深化，由政府主导的我国高校内部控制建设的力度和广度也在逐步增加，从最初的会计控制发展到现阶段的风险管理，使内部控制制度越发受到高校管理者的重视，在一定程度上满足了高校自身建设和成长的需求。然而，我国至今还没有一套相对完整的、专门针对高校的内部控制法律法规体系，且传统行政管理模式和思想教育方式的影响使得部分高校独立法人的意识不强，高校在自身内部控制建设中存在许多问题。因此，结合高校行政管理和业务活动的特点，基于 COSO 报告内部控制五要素总结归纳目前我国高校内部控制建设的现状。

（一）控制环境方面

高校在内部控制环境方面主要存在以下问题：

（1）高校文化建设薄弱，现代管理理念欠缺。高校作为思想教育的主阵地，文化建设至关重要。高校文化是高校在长期的办学实践中、在外部环境和自身发展的共同作用下，逐步形成的独特的高校意识形态，影响全体师生的思维和行为方式。目前，部分高校的组织文化建设更多地停留在学校的管理层面，没有与日常管理活动进行良好的结合，缺乏广泛的群众基础。同时，部分高校在向综合性大学的发展过程中，忽视了学校优势专业的建设，致使高校特色文化缺失，控制环境弱化。另外，随着高校资金来源的多元化，高校管理者的意识和理念应与时俱进。目前部分高校管理者缺乏现代的管理理念和科学的管理方法，在学校开展各项活动时忽视成本效益原则，在业务执行过程中的效率效益意识和会计责任主体意识淡薄。

（2）高校对内部控制认识不足，内部控制意识薄弱。现阶段，部分高校管理层缺乏内部控制观念，没有意识到高校内部控制建设的重要作用，较少将内部控制提升到战略体系的高度且缺乏系统性，不仅没有积极制定完善的内部控制制度，而且也没有对高校教职员工进行专门的内部控制相关知识的培训；与此同时，部分高校教职员工对内部控制的认识也存在误区，认为内部控制只是财务部门、人事部门等少数部门的责任，与普通教职工关系不大，或者仅仅认为对内部控制制度的执行局限于高校财务会计体系内，内部控制就是内部会计控制。由于高校教职员工对于内部控制建设的紧迫性和重要性缺乏足够的理解，使得其自身内部控制建设难以落到实处。

（3）高校治理结构不完善，内部控制制度不健全。《中华人民共和国高等教育法》在第四章中规定，国家举办的高等学校实行中国共产党高等学校基层委员会领导下的校长负责制，高等学校的校长全面负责本学校的教学、科学研究和其他行政管理工作。在这种高校治理模式下，政府与高校关系不明确，政府对高校的干预有时缺乏合理性，一定程度上影响了高校的协调运转。另外，我国高校存在行政权力主导的科层化管理模式，组织内部结构设置、权责分配和职务分工不尽合理，缺乏对如招生、基建、采购等重要岗位权力的有效制约和监督，在内部审计缺乏独立性且相对薄弱的情况下，容易发生以权谋私和腐败舞弊的行为；各职能单位不重视信息的横向沟通，加大了各部门间的协调成本，学校的各项资源没有得到充分的利用。

目前，我国高校内部控制的制度建设相对滞后，有效性与主动性不足。一方面，高校内部控制制度的制订没有及时、准确地反映出市场经济条件下高校科研教学和管理服务工作的内在需求，多数高校尚未建立完善的内部控制制度；另一方面，高校内部控制的约束范围相对狭窄，在具体开展内部控制工作时，高校普遍侧重对财政性资金的内部会计控制，缺乏对预算外资金的有效管理。我国高校内部控制制度依然不健全，高校法人治理结构和组织机构设置不完善且存在漏洞，容易产生管理混乱和违法违纪行为。

（4）高校的人力资源政策有待改进。人力资源政策是影响高校内部控制环境的重要因素，包括高校教职工的聘用培训、评价考核、奖惩晋升等内容。目前，部分高校人力资源开发与管理的观念相对滞后，在吸引人才和集聚人才等方面相对欠缺，容易产生人才浪费和流失的现象；另外，部分高校注重的是行政制度的施行和巩固，高校管理层对于基层教师的人文关怀不足。因此，高校有必要健全领导管理和绩效考核体制，确保内部控制制度的良好执行和顺利实施。

（二）风险评估方面

高校在内部控制风险评估方面主要存在以下问题：

（1）高校对风险考虑不充分，设定目标缺乏科学论证。高校的管理层应首先设定合理的总体目标和分层目标，针对目标确定相关风险并采取必要的行动来管理风险。现阶段，部分高校在自身内部控制制度改革和发展过程中对风险因素没有考虑或考虑不充分，目标体系的科学性和导向性有待进一步论证，设定目标缺乏科学论证，整个目标管理内容并没有被纳入日常管理工作，导致了内部控制制度执行效果欠佳。

（2）高校的风险防范和控制意识较为薄弱。高校面临的风险包括战略风险、信誉风险、教学风险、财务风险和学生事务风险等，其中财务风险主要是投融资风险。目前，部分高校缺乏风险防范意识，没有主动积极地进行风险管理工作，没有对各方面风险因素进行深入分析的意识，没有建立完整的风险预警和监控机制。就财务风险而言，部分高校管理层在融资过程中对通过举债融资方式的还贷能力缺乏必要的可行性分析，使高校承受巨大的经济压力，加大了高校的财务风险。《高等学校财务制度》中规定，高校应当严格控制对外投资。然而，部分高校对相关投资项目缺少严谨的可行性论证和风险控制措施，致使高校在不断扩大投资规模的过程中产生管理失控，面临着巨大的潜在风险，严重影响高校的健康发展。

（3）高校的风险评估和应对机制不健全。现阶段，多数高校的风险管理机制或相应机制不健全，缺乏科学的决策机制，缺乏专业的风险评估人员和分析团队，没有严格按照规范的程序开展风险管理工作，没有明确与风险相关的问责主体，降低了高校的风险应对能力，进一步加大了高校的投融资风险。高校应在对风险进行仔细识别和认真评估的基础上，有针对性地提出应对方案，合理保证高校风险控制目标的顺利实现。

（三）控制活动方面

控制活动主要存在以下问题：

（1）高校财产物资控制活动的现状。资产是指高等学校的各种财产、债权和其他权利。《高等学校财务制度》中规定，高校应在合理配置资产的同时加强资产管理。然而，部分高校尚未建立完善的财产物资控制制度，资产保护措施不力，监控力度不强，容易造成国有资产的流失。在财产物资的采购环节，部分高校采购的资产没有与教学科研实际情况进行严格匹配，产生重复购置或使用率较低的现象；而在资产的日常管理中，部分高校没能定期进行资产盘点，且在后期处置环节没有建立严格的资产价值评估体系，可能造成资产流失。

（2）高校全面预算控制活动的现状。预算管理是国家政策和法律法规对高校的监管要求，也是高校内部有效的控制工具和计划过程，并使高校的经营目标变得具体可控。《高等学校财务制度》中规定，高校应遵循“量入为出、收支平衡”的原则合理编制学校预算。然而，部分高校在预算控制活动中还存在以下问题：

1）预算管理机构不健全、管理制度缺乏完善性。目前，部分高校缺乏严格的预算编制程序，在支出的核定方面较多地依靠财务部门的经验判断，尚未形成科学的规划性标准，缺乏一定的准确性和合理性，难以实现有效的控制和监督。

2）预算执行的跟踪分析和考核评价不力。部分高校尚未针对预算管理活动建立完善的跟踪、分析和考核制度，缺乏相应的配套措施，对资金的使用状况也难以进行完整客观的评价，降低了预算的约束性；另外，预算执行情况的信息反馈不及时，则影响预算在学校运转和业务发展过程中的保障作用，不利于学校长久的发展。

（3）高校财务会计控制活动的现状。部分高校已经习惯于计划经济模式下国家全额拨款的经济体制，且作为非营利机构的事业单位，高校的会计核算相对简单，在财务管理方面缺乏自我约束机制，因此部分高校忽视对内部会计控制系统的建设，内部会计控制的意识观念和理论基础较为淡薄，使内部会计控制流于形式。另外，部分高校对内部会计控制的认识还停留在传统的查错防弊方面，制约了会计监督控制职能的有效拓展，对高校的会计及其他方面的行政管理工作带来了十分不利的影响。

（四）信息与沟通方面

高校在内部控制信息与沟通方面主要存在以下问题：

（1）高校尚未建立健全信息沟通体系。目前，部分高校侧重于进行基础设施建设，忽视了信息化软件环境的搭建和管理信息系统在网络平台上的应用。另外，虽然高校的财务、人事和教务等部门普遍使用了专门的管理软件，但多数停留在业务操作层面，面向管理层的信息系统建设相对落后，没有形成一套公开透明的信息披露机制，不利于对相关信息的及时分析和准确把握。

（2）高校内部信息沟通不顺畅。一个良好的控制系统应是广大师生可以通过该系统获取内部控制信息，管理层能及时了解高校发展中存在的问题，全体教职员工可以遵守内部控制制度并及时反馈内部控制相关措施的执行效果。如果一个信息系统的内部信息沟通和反馈机制不完善，就难以根据所了解的控制运行效果对内部控制系统进行改进，无法达到内部控制目标。然而，由于近几年高校规模的扩大和其内部管理层级的增多，各部门之间在一定程度上缺乏有效的沟通手段和方法，未能实现信息交流和共享，不能有效整合学校内部的信息资源，信息传递不够通畅。

（五）监督方面

高校在内部控制监督方面主要存在以下问题：

（1）高校的内部审计职能弱化。《高等学校财务制度》中规定，高校应建立健全经济责任制度和内部控制制度等监督制度。现阶段，高校的内部监督主要由内部审计部门开展的审计项目来对其内部控制进行评价。我国高校的内部审计部门在编制上挂靠在高校的纪检监察部门里面，多作为辅助高校内部管理的机构存在，且受到高校管理层的约束，制约了审计机构审计职能的有效发挥，影响了监督评价的质量。此外，高校审计面向的对象日趋复杂，然而部分高校仅把财务领域中的核算作为审计内容，未涉及或深入到高校的经营管理领域，且缺乏先进的审计理念、技术和方法，较少有关于内部控制制度建立和运行进行监督评价的内容。

（2）高校的外部监督制约机制不健全。目前，我国尚未针对高校制定专门的与监督和控制相关的法律法规，高校不仅缺乏内部控制和监督的相关政策规定，且高校的外部监督缺乏主动性、连续性和有效性，由政府机构和社会大众参与的外部监督制约机制有待进一步完善。

第二节　高校政府采购内部控制的现状及存在的问题

政府采购是公共支出管理的重要组成部分，是加强财政支出管理的重要手段。从 1995 年上海试点到 1999 年全面铺开，再到 2003 年 1 月 1 日《中华人民共和国政府采购法》的正式实施，规章制度逐步建立，政府采购的范围和规模逐渐扩大。政府采购的规模逐年翻番，财政部数据显示，2009 年政府采购规模达到了 7413.2 亿元；2016 年政府采购规模突破 30000 亿元，达到 31089.8 亿元。政府采购在我国政治、经济、社会生活中发挥着越来越大的作用。

随着我国高校政府采购活动的日益增加，相应的采购程序越来越复杂；再加上我国对政府采购的相关制度仍在不断地探索中，在高校推行的时间短，导致高校在政府采购中还存在一些问题，如近些年发生的四川大学原副校长安小予基建事件、绵阳师范学院苏智利用学校新区扩建受贿事件等。尤其是大学新校区建设中涉及的基建及设备招标中发生的腐败案件，数不胜数。以重庆大学城建设为例，公开报道的超过 5 所高校的副校长、财务处长、审计处长、基建处长或科长因在基建及设备招标中没有洁身自好，以权谋私，不仅把自己的锦绣前程葬送了，而且给国家带来巨大的经济损失，给家人造成极大的伤害。

除此之外，政府采购管理中的其他问题也逐渐暴露出来。在政府采购中，鉴于采购人的特殊地位，致使采购人和供应商处于不平等的地位。一些供应商为了获取竞争优势，采用不正当的竞争手段，致使腐败现象严重。一些掌握权力的人大搞权钱交易，不仅损害国家和公众利益，而且破坏社会风气，引起公众的严重不满。采购单位存在着随意采购、重复采购等问题；中标供应商则存在着供货不及时、以次充好、售后服务差等一系列问题；政府采购代理机构和政府采购监管机构也存在很多问题。目前很多人对政府采购的看法是“只买贵的，不买对的”，“阳光采购”变得不再“阳光”。所以政府采购改革的重心已由改革初期的建章立制、扩面增量转向现阶段的程序控制、行为规范上，《中华人民共和国政府采购法》《中华人民共和国会计法》《中华人民共和国预算法》等法规制度都要求政府采购建立健全内部控制机制。

以上出现的种种问题表明对高校政府采购实施的相关控制活动的成效有待提高，高校政府采购内部控制体系存在一定的缺陷，严重阻碍着高校的发展。

一、存在的问题

由于缺乏一套完整的、系统的关于高校的内部控制制度，加之高校重视科研、教学，忽视了对经济活动的内部控制，近年来高校快速的发展导致内部控制建设不能与之相适应，一些内控薄弱的高校暴露出较多的问题。总结起来，高校内部控制主要存在以下几个方面的问题：

(1) 内部控制的观念意识淡薄。高校内部控制是高校建设与发展的重要保障，良好的意识是做好高校内部控制的关键所在。长期以来受到计划经济的影响，在思想上、观念上没有转变，不能适应高校建设发展旳需要，有的领导害怕受到各种规章制度束缚，削弱了自己的职权；有的领导认为把教学搞好就可以了，对内部控制重要性认识存在偏差；有的工作人员认为内部控制是自己给自己找麻烦，还降低工作效率、浪费时间；还有人认为内部控制就是人与人的不信任，只要按照领导说的办就可以了，这些错误的思想导致高校部分人员认识不到内部控制在学校科研、教学、管理中的重要性，出现了推诿、扯皮甚至一些违规违纪问题的发生，使学校资产流失、建设与发展受到影响。

风险防范措施欠缺。高校的管理者受计划经济的影响，缺乏风险意识，多数高校没有建立专门的风险评估机制。但是随着高校的发展，资金来源多元化，办学规模的扩大，逐步出现银行贷款增多的情况。然而高校普遍缺乏风险防范意识，多数是依赖政府还贷，一旦出现债务危机，将会对学校整体建设产生巨大的冲击。

组织及制度建设不完善。健全的组织和制度是高校内部控制的保障，但有的高校组织机构和保障措施不健全，有的没有设立财经委员会、招投标领导小组等；有的甚至是多个组织一套人马，权责不明确；有的审计与财务不分家；部分高校的制度不够健全，如出纳、稽核、会计资料档案保管、银行账目的核对等一些关键岗位没有相互分离；还有的高校虽然制定了制度，但是执行不到位，有时怕得罪人，碍于情面，使得制度挂在了墙上，停留在了嘴上，制度与执行两张皮，出现发票要素不齐全，超标准、超范围报销，国有资产流失等问题，导致了有章不循、有规不依，甚至权利大于制度的现象发生。

（2）忽视内部控制人才队伍的建设。因为高校的重心工作是科研、教学，因此学校较为重视教师队伍的建设，安排他们学习、深造。但对内部控制关键岗位人员的配备、培训就不够重视，有时以编制少、经费少为由，即便有时配备足了，也是从其他部门抽调，专业知识欠缺，素质较低，也很少安排他们进行专业培训，例如审计、基建等工作专业性较强，所以很多人员难以胜任本职工作，使得各项制度落实不到实处，内部控制监督作用发挥不好。

（3）内部控制监督缺乏有效性。目前高校内部控制监督主要依托审计和纪检监察部门，一是机构设置上缺乏独立性。有的学校没有独立的审计部门，在财务处的领导下工作；有的财务和审计部门虽然单独设立，但属于同一个副职主管，对审计出的问题遮遮掩掩，不了了之；有的审计和纪检监察为同一个部门，缺乏独立性。二是内控监督部门履行职责较差。有的是因为审计和纪检监察人员较少，缺乏专业知识；有的因为思想不重视，导致不能按照规定进行审计或者参与监督。三是信息公开程度不够。所有者对企业财务信息非常关注，除了内部审计外，还依靠社会审计，上市公司的信息还受到社会公众的监督，信息公开程度高，监督力度大，但高校的财务信息公开程度和范围都十分有限，财务信息更多应付上级检查的，在学校教职代会上公布的程度十分有限，有的学校甚至不公布，使得这些组织的监督流于形式。

二、高校政府采购廉政风险点分析

近年来，随着我国高等教育事业的快速发展，教学科研仪器设备的采购规模不断增大，高校政府采购逐渐成为廉政风险易发、多发的领域。如何加强对该领域的廉政风险防控是当前高校反腐败和廉政建设的一项重要的实践性课题。高校政府采购的廉政风险与高校的教育行业特点密切相关，主要在于高校内部职权运行的各环节中，外部的监督机制难以形成有效制约。加强对高校政府采购的廉政风险防控，需要进一步健全内部的监督机制，切忌离开高校执行政府采购的行业特性和具体的工作实际谈廉政风险防控，造成制度建设的抽象化和虚化。

（一）高校政府采购的特殊性分析

高校主要承担人才培养和科学研究的任务，通过政府采购配置的仪器设备主要是出于教学实验或科学研究的需要，其政府采购工作与其他国家机关、事业单位相比，有如下一些显著特性：

（1）采购计划来源分散，难以形成大规模的集中采购。近几年随着高校扩招和政府投入的增大，高校仪器设备采购的总量也在不断增加。但不同的学科，不同的专业对实验、科研仪器设备的需求各不相同，甚至不同的研究层次对同一专业领域的科研设备使用要求也不相同。采购需求计划只能根据不同学科、不同专业、不同科研的具体要求进行，因此高校仪器设备的采购计划来源分散，难以形成大规模的集中采购。

（2）仪器设备专业性强，市场供应面窄，难以形成有效竞争。政府公共部门一般以采购通用类设备为主，规格型号和技术参数一般比较规范、标准。而高校的仪器设备基本上用于特定的专业实验和科学研究，很多使用功能和性能指标都是专门设计的，甚至有些设备没有定性，没有国家统一标准，需要为专门的研究项目定制。所以与政府机关或其他公共服务机构相比，高校采购的仪器设备具有更强的专业性，市场供应面相对狭窄，往往难以在市场上形成有效竞争，要实现政府采购价格比市场平均价格偏低的政策功能更是困难。

（3）采购时效要求高，难以形成计划的准确性。高校投入政府采购的资金，除了正常的基本建设或设备维持费投入部分可以准确做出年度预算和采购计划之外，其他申报的专项建设资金和专项科研设备投入经费很难做出年度预算和采购计划，因为经费数额和到账时间难以确定。事实上，高校多数设备使用部门通常要求资金到账后马上实施计划，以免因拖延经费使用被划拨单位收回，因此，造成了年度采购计划经常出现补充和更改的情况，这与政府采购的计划性要求是相违背的。

（二）高校执行政府采购的主要廉政风险分析

政府采购是一项政策性、程序性、实践性很强的工作。尽管《中华人民共和国政府采购法》等法律法规对执行政府采购的方式、程序、合同签署、行政监督及法律责任等已做出规范，但这些规定过于宏观，对不同行业执行政府采购工作的特殊性缺乏有针对性的规制，对具体职权在高校内部运行的各环节难以有效监管，容易形成制度的真空和廉政风险。

1. 立项决策环节中随意立项和规避政府采购的风险

高校仪器设备采购的立项过程一般是由使用部门提出需求方案，经仪器设备主管部门组织论证后报学校审批立项。项目立项是启动政府采购的首要环节，立项需要解决的是采购的必要性和采购的合理性问题。实际工作过程中，有些项目负责人申请购买仪器设备往往不是出于使用的实际需要，而是急于要把到账的经费花出去，于是随意立项，重复采购或购非所需。另外，政府采购法规定国家机关、事业单位和社会团体使用财政性资金采购集中采购目录以内或者采购限额标准以上的货物、工程和服务均必须执行政府采购，这是一个强制性规定。有些项目负责人由于对执行政府采购的意义认识不足，或者出于自身利益的考虑，认为上级财政根据项目拨付的专项资金属于个人的科研经费，担心政府采购保证不了项目的及时性和特殊性，会影响使用单位的工作效率和工作质量。基于这种错误认识，他们往往在现实工作过程中对本属于政府集中采购的项目擅自分拆立项，将项目化大为小、化整为零，规避政府采购。

2. 实施招标环节中专门特定投标人量身订制的风险

（1）在招标文件中设定带有严重倾向性的技术条款。虽然有关法规、政策都明确规定，招标文件不得标明特定的投标人或者产品和含有倾向性或者排斥潜在投标人的其他内容；不得指定货物的品牌、参考品牌或者供应商；不得以单一品牌的特有技术指标作为技术要求，等等。但是由于高校政府采购的仪器设备多数为特定的专业实验或科学研究服务，设备的专业性很强，项目技术参数要求一般由项目负责人提供，其中有关技术指标隐含的倾向性、技术陷阱或技术壁垒，一般的人难以察觉，如果用户和特定投标人相互串通量身订制，则容易得逞，产生腐败风险。

（2）提前泄露采购内容。在以往的招标采购中，通常要对采购项目的预算（标底）进行保密，不允许向投标人泄露。现在采购预算对外公开了，很多人逐渐淡化了政府采购项目的保密意识。提前泄露采购内容的有关人员，可能是最初的项目负责人，也可能是对外公告前接触到采购内容的人。事实上，在采购公告发布前泄露采购内容存在较大的廉政风险。投标人（供应商）提前知道采购项目内容之后会向上游生产商进行报备制，一旦报备之后，其他投标人便很难拿到货物，或者需要以更高的价钱拿到货物。这既不利于公平公正，也为串标、围标提供了条件，使招标采购活动沦为一种形式，极易造成腐败。

（3）干扰评审。根据相关法律法规的规定，政府采购项目的评标委员会成员主要是在开标前从评审专家库中随机抽取，但同时允许采购单位指派一名熟悉项目情况的专家进入评标委员会。就高校而言，被指派的专家往往就是项目的负责人。由于该专家最了解项目的情况，其意见在评标委员会中起着至关重要的作用。如果该专家不能出于公平、公正，或者怀有私利，专门关照特定投标人，那么就会直接影响中标结果。这就是一些投标人想尽办法打探采购人指派的专家、代表的原因。

3. 合同签署环节中不严格按中标结果签订合同的风险

目前规模较大的高校均按照采管分离的原则单独设置专门的招标采购机构，单独负责政府采购招投标业务。招标评审结束后则由资产设备主管部门或使用单位直接与供应商签订政府采购供货合同。为了顺利中标，个别投标人做出较低的投标报价，为了赚取相应利润，中标后他们往往以“产品换代”“型号升级”为由说服使用单位擅自变更采购合同，提升产品的部分指标，但却用替代型号或者减少配置来降低成本；有些数码电子产品则通过拖延合同的办法直接等待上游经销商降价以获得相应利润。以上种种行为，如果高校内部相关人员为供应商提供方便，“里应外合”，那么高校的实际利益将受到直接的损害。

4. 验收环节中违规降格验收的风险

履约验收是政府采购过程的最后环节，验收的结果直接反映了招标的效益和合同履行的质量。履约验收做得好，可以维护采购人和供应商双方的合法权益，确保财政资金的使用效益，保证政府采购的高质量，维护政府采购的社会形象。《中华人民共和国政府采购法》第四十一条规定：采购人或者其委托的代理机构应当组织对供应商履约的验收。大型或者复杂的政府采购项目，应当邀请国家认可的质量检测机构参加验收工作。从该条规定可以看出，用户、采购代理机构或第三方专业检测机构均可以作为项目的验收主体。用户在验收中不需回避，同时法律没有授权政府采购监管部门参与验收工作。基于这一规定，目前大部分的采购项目都是用户自行组织验收。高校采购的一般都是专业仪器设备，专业性强、适用面窄，因此验收结论一般以具体用户（或项目负责人）的意见为准。如果相关项目负责人与供应商达成默契，在设备的安装、调试，检验中“睁一只眼闭一只眼”，那么一些旧件翻新、转贴铭牌、技术性能达不到要求的设备，就很容易通过验收，为权力寻租提供了方便。

5. 进口设备采购风险分析

进口设备采购的风险分析如下：

（1）进口设备的申报。一般来讲，购置进口设备需要经过两次报批，即预算申报和论证申报。预算申报与其他设备购置的申报流程完全一样，需要进行市场调研对比、填写项目申报书。

论证申报则是在预算批复后，请校外专家对所购置设备在国内是否尚属空白或国产设备相关指标是否达不到需求，是否属于鼓励进口设备等内容进行论证，同时还需聘请法律方面的专家从所购置设备是否符合国家法律法规方面的规定进行论证，再报送财政部门予以审批。

申报程序比较严谨，但相对烦琐，由此产生的问题主要有两点：一是使支付进度受到影响，由于进口设备购置的周期比较长，包含了办理海关免税手续、货物生产及跨国运输等环节，再加上审批流程通常为5～6周，审批通过后公开招标的公示期为20天，导致进口设备的到货验收经常要到下一年度才能实现，无法在当年进行最终的结算。二是对购入设备的使用效益受到影响，由于进口设备价格受到汇率变动的影响，项目申报时的预算价格在经过了财政两次审批后，通常面临着涨价问题，而此时预算批复内容和金额均不可改变，造成用户必须在执行阶段通过降低使用需求和设备技术指标等方式，以有限的资金购入并不完全符合科研要求的设备，致使部分设备或是疏于使用，或是闲置。因此，两次申报可以结合在预算申报阶段完成，因为二者的申报审批均需通过财政部门。

（2）进口设备的采购执行。这个问题主要是因财政管理体制造成的。部属高校在采购方式选择上有一定的自主权，这方面的问题相对较少，问题主要集中在地方高校。由于地方高校预算审批基本为公开招标，特别是进口设备的购置都属于这种方式，而公开招标是无法与投标供应商进行面对面谈判的：一是导致设备的质保期基本上是一年，随后的维修费用开支较大；二是导致围标现象的产生，成为风险防范的薄弱点。用户由于种种原因，对进口设备调研不是很充分，过多依赖于某个品牌产品或是供应商，相关技术指标很多时候是由该品牌代理供应商提供，因而使供应商对指标把控较紧，在标书制定时已经指定品牌型号了，不可能再产生新的竞争对手，供应商自己再去找两家帮衬投标，走走形式，报价紧贴预算价，不能体现公开招标公平、公正的初衷。

建议采用谈判的方式，让专家评委组通过谈判对不同品牌的设备进行充分对比，择其性价比最优设备，并为用户考虑在预算恒定的基础上，延长质保期，减少后期的支出。当然这种方式不一定是最好的，但相对来说更适合进口设备的购置。

6. 小额专用设备自行采购风险

这部分设备主要是指未达到一定金额、零星的，经批复为授权支付，且不在政府采购集中目录以内的专用设备。这些设备采购金额小、采购次数多，但在一所学校一个年度中，也至少需要几百万元经费，总体规模并不小。

这方面的问题主要是采购环节不规范，很多学校要求用户进行市场调研，至少进行 3 家及以上的对比，并提供 3 家报价单。用户由于时间或者精力方面的原因，为了方便，经常是从一家比较熟悉的供应商处采购，3 家报价也由这家供应商提供，至于所购设备性价比是否合理，很难认证。有的学校为了规范此环节，采取由各个厂家发传真报价的方式，以避免几家串联，但终究只是个形式，不能从根本上解决问题。目前，国内一些高校，如中山大学，专门针对此问题研发并运行了“网上竞价采购系统”，凡是需要用户自行采购的专用设备均需通过该系统在网上竞价，在充分满足教师需求的基础上采取最低价中标。该系统在全国 40 余所高校运行的实践表明，较好地解决了自行采购的问题。

7. 实验材料采购风险

这个问题与小额专用设备采购的问题类似，不同的是小额专用设备需要到学校资产管理部门履行报价备案、合同审定、验收入账等手续，而实验材料则省去了这些程序，使其采购程序更加不明确。所有实验材料采购的渠道、价格、批次、数量、质量等均由用户自己把控，缺少第三方的监管，因而出现的问题较多，如假发票问题，资金流向问题，资金额与购置材料数量、质量的匹配程度等。

由于实验材料使用的特殊性，如单次使用量、使用频率、使用安全性、存放与管理等，都使得材料的购置不可能一次完成，需要多次少量购置，这个环节主要是依靠用户根据实验进度掌握购置程序，基本由用户决定，有较大的自由裁量权，相关的监督措施很难跟上，因此有关材料采购问题是廉政风险防控的薄弱点。目前，办公用品等通用耗材已纳入集中采购目录。因此这个问题的解决也可以参照协议供货方式执行。

8. 采购进度风险

采购进度风险如下：

（1）陪标与围标问题。高校绝大部分采购经费来源于每年的财政性资金，这样就要求采购经费应当在当年或次年某个时间点必须支付出去，特别是对地方院校来讲，主要采取国库支付形式，如果没有按期完成支付，采购资金则自动清零。因此，地方院校在公开招标时就要力求一次成功，否则由于公开招标时间的要求，会造成支付进度的延误。一次成功就意味着公开招标的应答供应商不能低于3家，就需要用户要求调研的供应商投标，而由于前面所谈的原因，用户一般只找自己熟悉的供应商协助解决问题，因此，就出现了陪标现象，而且这种陪标都是胸有成竹，志在必得，所以就会贴着标的投标，这就是围标。

（2）资金支付的风险与合规问题。为了确保支付进度，一般情况下，高校在签订合同时会将全款支付给供应商，为避免带来相应的风险，又会要求供应商回押部分资金。从资金管理的角度来看，以项目执行名义将国库账户资金予以支付，同时回押部分资金至学校账户，相当于套取国库资金至学校，虽然仍是用于项目完成后的支出，但从某种角度来说却是违规行为。目前大部分地方高校采取这种方式。有的高校为了确保资金安全和学校利益，在招标时就明确说明项目执行完成后，再支付资金，应该说这是比较好的一种支付方式，但是在每年6月和9月统计支付进度时，会因极少的支付而受到批评。

9. 资金结余与节约

这个问题普遍存在于地方高校。资金结余就是项目预算资金在项目执行过程中节约的资金，一般节约得越多越好。部属高校由于不是国库支付，项目资金批复后直接进入学校账户，节约下来的资金由学校自行支配。但是对地方高校来说，这个结果并不好，一是结余的资金国库直接收回，学校无法使用；二是预算与执行结果差距越大，说明预算做得越不好，在项目绩效考评时要被扣分。因此，地方高校总是想方设法把项目资金全部支付出去，特别授权支付中的自行采购部分，基本上是全额支付，而与市场价位之间差距部分无从查起。

10. 软件采购风险

随着信息时代的到来，高校各项工作越来越离不开网络平台的支撑，各种软件应运而生。但软件的开发成本计算没有相对标准，基本上是由开发商决定，因开发功能及内容不同，价格低至几千元，高至几十万甚至上百万元，其中的利润无法确定。随着人力资本的上升，软件成本也日趋增加。这就使得高校面临软件支付的问题，按照上述全款支付、回押部分资金的方式，如果回押部分低于

50%，学校有可能面临资金支付出去，但无法获得软件，也追不回已支出资金的情况。已有不少学校遇到过这类问题，要么不了了之，造成国家资金浪费，要么沉陷于官司之中，消耗很大的精力。因此，对待软件的采购，最好的方式就是货到验收通过后再支付全款，这样一是可以考察公司的研发实力，二是可保证学校利益和国家资金的安全。

第五章　高校政府采购过程廉政风险点分析与风险防范

在工程建设和物资采购领域，引入招投标制度可以有效防止过去个别权力部门和个别当权者利用手中权力在工程发包、物资采购过程中的腐败和商业贿赂行为。但随着操作模式的改变和权力的分散转移，腐败和商业贿赂现象如影随形逐渐渗透到了招投标的各个环节。事实证明，凡是有权力发生作用的地方就有可能发生腐败和商业贿赂行为，就存在廉政风险。因此，为了从源头上预防和治理腐败、营造风清气正的商业环境，开展招投标过程的廉政风险点分析并制定有效的防范措施十分必要。

第一节　工程和物资采购招投标管理的突出问题

目前虽然各企事业单位在工程发包和物资采购方面普遍采用了招标的方法，但招标工作在组织机构、工作程序、商家入围、评委选取、评标定标、合同管理等方面，都程度不同地存在不规范的问题。过多的行政干预、操作程序不规范或随意简化、对投标单位审查考核不够、投标结果轻易更改等情况时有发生，大大削弱了招投标机制应有的效能。在招投标活动中，招标管理单位往往对招标管理的法律法规及制度程序置之不理，采取一些违规行为：一是化整为零，逃避招标。采用化整为零的方式逃避招标，将达到招标起点标准的项目或金额进行分割，使得分割后各部分达不到招标起点。二是半招半定，只招其一。只对部分项目展开招标，其他部分则按设计变更或追加项目发给关系户或擅自采用邀请招标方式。三是表面虚假招标，实际直接发包，或泄露标底，与投标单位串通投标。四是招标文件不规范，文件信息不清晰、不具体，导致招标文件内容存在明显差异而缺乏可比性。五是评标不公正，过程不公开，搞暗箱操纵，对关系户和其他投标方区别对待。六是招标过程重要信息泄露等。

投标单位为了中标有时可能采取以下不正当行为：一是采取商业贿赂等不正当或非法手段谋求中标。二是投标单位互相串通，彼此达成协议，出现陪标、串标、围标的现象，损害国家和招标单位的利益，削弱、限制了正当的竞争，使招投标流于形式。三是投标单位挂靠现象严重，有些投标单位不具备要求的资质和能力，就采取借用或挂靠等方式谋求参与投标，中标后再转包或分包，获取利益。以上现象说明招标不能包治百病，不规范的招标和不正当的竞争依然是腐败和商业贿赂的手段和表现形式，有人称之为“阳光下的罪恶”。

第二节　招标采购过程中的廉政风险点分析

招标过程包括招标计划的编报、招标方式的确定、招标文件的拟定、投标单位的入围、评标、定标、合同签订与履行等主要环节。每一个环节都可能存在廉政风险，分析如下：

（1）招标计划包括招标范围、招标的内容、设备材料的数量规格型号、概算投资、资金来源或主管部门等重要信息，是企业的商业秘密，由于招投标竞争日趋激烈，谁抢先获取这些信息，就可以开展先期公关，为以后的入围、评标、定标取得优势，做好前期铺垫、为投标策略做好心理和技术准备。业主方工作人员主动透露信息以获取好处，或投标方通过感情联络的方式刺探信息，此阶段信息泄密是风险点之一。

（2）该公开招标的而选择邀请招标，邀请招标指定入围厂家或影响入围厂家的确定，该全部招标的，选择部分招标或分解拆零规避招标，决策者选择何种招标方式和邀请谁入围只要不按规定行事就有其主观意图和心理倾向性。究其原因不外是要么上级部门或某个领导打过招呼、决策者有难言之隐；要么是亲朋好友有过请求，想照顾关系；要么是投标方提前或平时搞过公关，投桃报李。这种违规行为为以后环节的权力运作和不当正当竞争埋下伏笔。目的决定手段，因此招标方式的确定和入围选择为廉政风险点。

（3）在工程招标和新技术设备采购招标中，招标文件带有门槛限制、歧视性条款或排斥潜在投标人的条件。有些门槛设定并没有科学合理性和十分的必要性，有些技术和商务条款也非具有颠覆性意义。但只要附带了这些条件就会给入围和评标带来影响。其背后的缘由是业主方有意想照顾或排斥哪一方，更有甚者是双方事前达成的默契。这影响了招标的公平公正，也潜伏着廉政风险。

（4）评标是招标过程的重要环节，对招标结果有至关重要的影响。评分尺度的掌握取决于评标人的专业知识水平、现场的工作经验、是否熟悉评分规则、职业操守境界，带有不可否认的主观倾向性。谁参与评标、谁主持评标、评标结果等都是招标的机密，不可外传。这些信息泄露就会给某些投标人或其利益相关人带来可乘之机。在招标实践中泄密事件是时有发生的，倾向性打分也不是绝无仅有的。评标过程和信息保密、评标人员的管理是廉政建设的重点领域。

（5）除上述四种情形外，以往的审计和监察揭示的问题表明，定标过程是否民主、是否按期并严格按中标结果签订合同，在中标费的收取、合同付款和工程验收等环节上也会发生行贿和受贿行为。如在工程合同中签订开口合同、变更工程量、追加预算、降低某些标准，在设备材料合同中修改配置标准、减少备件数量、附带其他条件等。不廉洁行为的方式、发生区间会随着薄弱环节转移而变化。因此不能“一招了之”，要加强全过程管控。

第三节　招标廉政风险防范机制建设

为了规范招投标行为、净化招投标环境，必须贯彻预防为主的方针，加强招标廉政风险防范机制建设。

一是要持之以恒地对各级领导干部和与招标工作有关的人员进行廉洁从业和反腐倡廉警示教育，教育他们常修为政之德、常思贪欲之害、常怀律己之心。教育教化工作不能时紧时松、一曝十寒，要建立党风廉政教育长效机制。

二是要建立招投标管理完备的制度体系，做到有章可循、有法可依。这些制度应该包括招标组织机构职能、各级人员的职责、工程物资招标范围和模式、招标程序和工作流程、评分规则、违规违纪处罚规定、保密制度、评标专家管理制度、供应商遴选和评价制度、合同和档案管理制度、工作人员行为准则等。

三是要建立完善的监督保障机制。充分发挥各级审计、监察、财务、行政的监督职能，参与招投标过程控制和定期进行专项监督检查，并制度化。

四是要建立招投标全过程完善和评价考核机制。定期对招标工作进行分析评价和改进，将招标管理工作纳入目标责任制考核。

五是要建立招投标技术和创新机制。信息技术和电子商务技术为招投标活动提供了阳光操作的平台，开辟了技术反腐的新途径。近年来各地推行的网上询价系统、电子协议平台、竞价网等网络竞价管理系统是管理创新的成功举措，使系统物资采购标准化和规范化水平大幅提升，有效降低了廉政风险。

六是加强招投标全过程效能监察。要想有效降低招投标工作的廉政风险仅靠制度和事后监察是不够的，风险防范的关键在于关口前移和过程管控，亡羊补牢不如江中补漏。因此必须建立和实行与招标工作同步的效能监察工作机制。借鉴各单位的有益经验大致有如下做法：

（1）招投标活动前期相关工作的审查。第一，检查是否具有完善招投标活动的管理制度；是否严格履行相关制度中对招投标工作职责的规定，严格按制度和程序办事。第二，检查在制度框架内的项目是否进行公开招标，有无将公开招标的项目拆分、规避招标的行为。第三，检查是否存在以不合理条件限制、排斥或歧视性对待潜在投标人，限制正当竞争的行为。第四，检查公开招标项目是否按规定发布招标公告，邀请招标项目是否按规定程序确定潜在投标人。第五，监察标底编制工作的保密情况。

（2）招投标工作具体实施情况的审查。一是检查招标工作中是否执行“招标、评标、定标”三分离原则。二是检查有无虚假招标，是否存在影响评标活动公正、公平的行为；是否存在以其他方式干涉招标的行为。三是检查参与招投标活动的各方是否存在相互串通、以权谋私、商业贿赂等行为。可采用的有效监察方法多种多样，最基本的方法是全过程参与、进行资料分析、评价审核等。

过程参与：监察部门为了充分保证监察对象正确履行职责，有效防止和控制违法违规问题的发生，直接参与招投标活动，在活动过程中对招投标活动进行监督检查。而监察部门在此过程中需要保证其监察的独立性和公正性，只是参与过程，而不能代替、包办和执行业务部门的具体工作。

资料分析：资料分析是指监察部门对招投标管理所制定的规章制度，做出的各种决定、命令，发布的各种文件、工作计划以及各种账目、单据、统计报表等资料进行查阅，通过核对及分析研究正确评价招投标管理活动。其中，监察部门对收集的数据要反复核实，必要时应请有关权威部门认证，防止出现差错。

评价审核：评价审核指监察部门对招投标管理活动的效益、效率和效果进行审核，以评价其管理效能的方法。即对企业招投标管理的人力、物力、财力资源使用状况，所取得的经济效益和所达到的预期效果进行比较，进而给出评价。

（3）突出招标、投标环节的检查和监督。在招标活动过程中，监督人员应通过检查项目审批程序、招标或谈判文件等，审查招标项目是否是公司规定的必须招标的项目，是否按规定进行招标；可以不招标的项目是否通过审批，更重要的是多渠道掌握不招标项目或谈判项目的相关信息，防止招标单位将项目以化整为零或拆分的方式，逃避招标。此外，还要检查招标文件的制作是否符合公司的相关规定，设有标底的项目，是否采取有效措施确保标底在开标前保密。监督人员应通过全程参与，及时与招标人就出现的有关问题进行协商，及时提出有效意见，对于出现的违规操作，予以当场制止。

开标过程中，监察人员参与开标会议、宣读招投标纪律，并进行现场监督。评标过程中，当评标专家进入评标现场后，监察人员将评标纪律和保密要求作为评标工作手册内容，随评标工作手册一起发给每一名评标专家。招投标部门要将附有评标结果、评标说明及招投标书说明等信息的资料报送监察部门进行审核和备案。在具体监察中，监察人员获取招投标文件、会议记录、开标记录等有关文件资料并对其完整性、真实性进行审核，确保招投标工作的“三公”原则。

（4）加强招标后合同签订及执行情况的监督。招标结束后，监察部门应继续对中标合同的签订及执行情况实行跟踪式的监督检查。一些企业往往比较重视招标的过程控制，却忽视了对招标后发出中标通知书、与中标人签订合同及合同执行情况的监督。在没有监督控制的情况下，随意变更招标结果的情况时有发生，如招标人与中标人签订的合同并不符合招标文件或者与招标会议上所承诺的内容不一致；合同执行情况与合同所规定的条款不一致，如交货期、数量、质量的验收及服务等未按照合同约定执行等。这导致招投标仅仅流于形式，失去其存在的意义。因此，应重视事后监督，对合同执行情况监督检查，并监督合同执行过程中是否有非法转包、分包问题，是否有弄虚作假、徇私舞弊、行贿受贿等违法违纪违规行为。

在开展招投标检查效能监察工作时，应努力做到“监察一批项目，堵塞一些漏洞，完善一套制度，推进一项工作”。结合开展治理商业贿赂专项工作，对企业的管理制度进行重新审查，关注制度的完善性、系统性，修订并完善如《三重一大事项决策制度》《物资采购制度》《工程招标制度》等一系列企业内控制度，规范市场交易行为，规范员工从业行为，规范物资采购、工程招标监督，形成有效的监督制约机制和自律机制，从源头上铲除滋生腐败的条件和土壤。

第四节 案 例

——以重庆科技学院招标办岗位廉政风险为例

一、廉政风险及防控措施

廉政风险及防控措施见表5-1。

表5-1 廉政风险及防控措施

<table>
<tr><th rowspan="2">工作流程</th><th rowspan="2">所处环节</th><th colspan="2">所涉对象及廉政风险点</th><th colspan="2">防控措施及责任主体</th></tr>
<tr><th>所涉对象</th><th>廉政风险点</th><th>防 控 措 施</th><th>责任主体</th></tr>
<tr><td rowspan="3">招标（资格预审）文件审核</td><td rowspan="3">招标办审核</td><td rowspan="2">招标办</td><td rowspan="2">▲▲▲同意项目公司应招标项目而不招标，或将项目化整为零方式规避招标</td><td>★★严格执行招标投标相关法律法规中关于招标范围和规模标准的规定</td><td>招标办</td></tr>
<tr><td>★进行跟踪检查；
★发现违规确定中标人、签订合同的，依法责令改正</td><td>上级行政监督部门</td></tr>
<tr><td>招标办</td><td>▲▲▲同意项目公司违规设置不合理的资质条件和废标条款，排斥潜在投标人</td><td>★★标准文件之外的废标条款应在规定位置特别列明并主动说明；
★★废标条款应以醒目的方式提示；将所有废标条款汇总到一张表中，评委对投标人涉及每一项废标问题均须严格审查；
★★★严格有关规定，不得随意降低有关资格和条件；
必要时要求项目公司组织召开资格预审文件和招标文件评审会</td><td>招标办</td></tr>
</table>

续表 5-1

工作流程	所处环节	所涉对象及廉政风险点		防控措施及责任主体	
		所涉对象	廉政风险点	防控措施	责任主体
招标（资格预审）文件审核	招标办审核	招标办	▲▲▲在审核招标文件、资格预审文件时，同意项目公司针对特定人提高或降低资格条件和评价指标；以不合理的条件限制或者排斥潜在投标人，对潜在投标人实行歧视待遇；强制要求投标人组成联合体共同投标，或者限制投标人之间的公平竞争	★★★加强对招标文件、资格预审文件的审核，按规定采用标准文件，文件中的特殊条款须经集体研究确定；必要时要求项目公司必须组织召开招标文件和资格预审文件评审会； ★★设置与招标项目相适应的资质等级、安全生产许可、项目负责人等资格，不得任意提高或降低资格条件； ★严格执行招标文件备案制度	上级行政监督部门及招标办
		招标办	▲故意拖延审核时间	★严格执行相关审核时间规定	招标办
招标（资格预审）结果审核及资格预审结果（中标候选人）公示审核	招标办审核	招标办	▲▲同意招标文件评标办法（资格预审文件评审办法）之外的废标理由； ▲▲同意存在招标文件（资格预审文件）规定的重大偏差的投标文件（资格预审申请文件）通过审查； ▲泄露评审或评标报告内容	★★严格执行招标文件评标办法（资格预审文件评审办法）； ★严格执行招标文件（资格预审文件）备案制度； ★严格遵守保密制度	上级行政监督部门及招标办
			▲同意减少公示内容、公示期限； ▲同意不在指定媒介发布招标公告	★按国家相关政策、法规在规定的媒介上发布招标公告； ★加强对招标项目发布公告情况的备案审查	上级行政监督部门及招标办
			▲故意拖延审核时间	★严格执行相关审核时间规定	招标办
清标人员抽取工作	招标办审核	招标办	▲▲根据项目要求，指定清标人员； ▲泄露清标人员名单	★建立清标人员库； ★清标人员随机从清标人员库中抽取； ★接受监察部门监督； ★严格遵守保密制度	监督部门及招标办
招投标人员重复性核查工作	招标办审核	招标办	▲▲私自更改人员库信息； ▲泄露核查结果	★建立人员重复性分析系统，并严格控制系统操作权限； ★指定专人负责人员信息更新； ★严格遵守保密制度	招标办
招标档案归档工作	招标办审核	招标办	▲同意项目公司减少招标档案归案的文件资料； ▲违反档案管理规定，私自涂改、增减、抽取、撤换招标档案材料； ▲泄露档案内容	★严格执行招标档案归档相关制度； ★严格遵守保密制度	招标办

注：▲代表风险点，★代表防控措施，数量代表等级。

二、岗位廉政风险点及防控措施

岗位廉政风险点及防控措施见表5-2。

表5-2　岗位廉政风险点及防控措施

岗位	岗位主要职责	岗位和主要工作环节潜在廉政风险	廉政风险防控措施
副主任	1. 主持招标办公室全面工作，统筹协调采购工作中的有关事项； 2. 宣传贯彻采购法律法规，严格执行采购有关规定； 3. 建立健全规章制度，提升采购工作制度化及规范化水平； 4. 贯彻落实学校采购工作领导小组的决策，维护采购工作的正常秩序； 5. 开展调查研究，回访供应商及用户，提高采购工作质量和效率； 6. 完成采购工作领导小组交办的其他工作	1. 泄露与招投标有关的资料及信息； 2. 招标文件编制带有倾向性或利他性； 3. 干预专家依法独立评标	1. 建立健全采购规章制度并严格执行； 2. 公开采购信息，广泛接受监督； 3. 自觉接受纪监审部门对招投标各个环节的监督； 4. 加强廉政自律学习，切实增强廉政意识
采购科正科长	1. 严格执行采购有关法律法规，负责招标采购日常工作； 2. 审核采购项目资格，提出建议采购方式及相关注意事项； 3. 督促协调采购项目的调研论证、技术指标确定、招标采购、合同履行等相关工作； 4. 承担一定的招标采购任务，负责审校招标文件，安排招标时间及地点，经审核后发布； 5. 组织投标报名，收取标书费，负责标书费结算工作	1. 招标计划（招标范围、招标的内容、设备材料的数量规格型号、概算投资、资金来源或使用部门等）重要信息泄密； 2. 招标方式的确定和入围选择存在风险； 3. 在工程招标和新技术设备采购招标中，招标文件设限、歧视性条款或排斥潜在投标人的条件； 4. 评标过程和信息保密、评标人员的管理存在风险； 5. 定标过程是否民主、是否按期并严格按中标结果签订合同，在中标费的收取、合同付款和工程验收等环节存在风险	1. 持之以恒地对各级领导干部和与招标工作有关人员进行廉洁从业和反腐倡廉警示教育； 2. 建立招投标管理完备的制度体系，做到有章可循、有法可依； 3. 建立完善的监督保障机制； 4. 建立招投标全过程完善和评价考核机制； 5. 建立招投标技术和创新机制。信息技术和电子商务技术开辟了技术反腐的新途径，大力开展网上交易

续表 5-2

岗位	岗位主要职责	岗位和主要工作环节潜在廉政风险	廉政风险防控措施
采购科副科长	1. 负责采购项目预算核价、合同签订、验收付款、档案管理等日常工作； 2. 宣传贯彻采购合同及招标档案管理有关法律法规，建立健全采购合同及招标档案管理规章制度； 3. 负责组织、承办、协调部门重要会议及重大活动； 4. 负责部门资产及印章管理、接待、报销等事务性工作； 5. 组织协调迎接上级检查考核相关工作； 6. 负责采购项目验收付款及决算相关工作； 7. 组织开展招标重要事项及有关专题的调查研究，编辑《招标简报》，为招标决策提供参考； 8. 负责评标专家库及招标代理机构库的日常管理； 9. 承担部门重要活动、重要工作等的宣传报道工作； 10. 完成领导交办的其他任务	1. 在工作环节中收受供应商或相关部门红包回扣； 2. 向供应商泄露部门秘密，透露学校采购相关信息	1. 增强法律意识，严格按照部门相关规定程序办事，遵守各项规章制度，加强自律； 2. 加强思想道德修养，遵守廉政建设各项规定，积极参加廉政建设集体活动，增加反腐倡廉的自觉性，做到自警、自省、自醒、自悟、自觉杜绝各种诱惑； 3. 对工作中发现的重大问题，坚持个人不擅自决定的原则，并第一时间向上级汇报
分散采购岗	1. 负责工程类、分散采购类项目的招标采购工作，组织采购方式的报批、招标文件的编制、专家抽取、开标评审、中标公告、中标通知等具体工作； 2. 主持开标评审会，负责评审专家及工作人员劳酬费的造表、发放及报销工作； 3. 撰写采购工作中供应商质疑或投诉事项的回复意见，经审核同意后回复供应商或投诉人； 4. 负责工程类、分散采购类采购项目招标相关资料的收集整理，并及时移交档案管理员归档； 5. 撰写招标采购纪要，记录采购有关事项	1. 在提计划时，技术参数不规范，给供应商造成不公平； 2. 评审人员管理不规范，给客观公正评审造成的风险； 3. 采购信息公开不到位，造成“暗箱操作”的风险； 4. 询价采购带有倾向性或利他性	严格执行《中华人民共和国招标投标法》、《重庆市政府采购管理暂行办法》、《重庆市制定政府采购分散采购管理暂行规定》和《重庆科技学院物资采购管理办法》。使采购过程阳光化，严格接受各方面的监督管理

续表 5-2

岗位	岗位主要职责	岗位和主要工作环节潜在廉政风险	廉政风险防控措施
集中采购岗	1. 负责集中采购、维修服务类项目的招标采购工作，组织采购方式的报批、招标文件的编制、专家抽取、开标评审、中标公告、中标通知等具体工作； 2. 主持开标评审会，负责评审专家及工作人员劳酬费的造表、发放及报销工作； 3. 撰写采购工作中供应商质疑或投诉事项的回复意见，经审核同意后回复供应商或投诉人； 4. 负责集中采购、维修服务类采购项目招标相关资料的收集整理，并及时移交档案管理员归档； 5. 撰写招标采购纪要，记录采购有关事项	1. 评审人员管理不规范，给客观公正评审造成风险； 2. 采购信息公开不到位，造成“暗箱操作”的风险； 3. 政府采购预算制度执行力不强，造成规避集中采购的风险； 4. 发表影响专家独立评标的言论	1. 严格执行采购规章制度； 2. 自觉接受监督； 3. 加强廉政自律学习，切实增强廉政意识
调研核价岗	1. 负责核实采购项目的资金预算，提出招标采购限价建议； 2. 负责采购项目的资格预审（审查立项、资金、场地、调研等环节），确保采购后续工作的顺利推进； 3. 邀请供应商或生产厂家参与学校采购项目的投标工作，维护招投标活动正常秩序； 4. 建立供应商或生产厂家信息库，收集整理大型供应商或生产厂家经营范围、联系方式、售后服务等基本信息； 5. 承担一定的单一来源谈判采购工作； 6. 完成领导交办的其他工作	1. 泄露与招投标有关的资料及信息； 2. 采购建议带有倾向性或利他性	1. 严格执行采购规章制度； 2. 自觉接受监督； 3. 加强廉政自律学习，切实增强廉政意识
合同档案岗	1. 负责招标合同制定、校核、组织会签及登录工作； 2. 负责文书、声像招标档案的收集整理、分类立卷、建档归档、统计移交及分散采购档案的全面管理； 3. 负责档案信息化建设工作，搞好档案的开发、利用； 4. 参与使用单位采购项目的调研论证； 5. 负责招标会场饮水、摄像等会务保障工作； 6. 完成领导交办的其他工作	1. 售卖标书——对投标单位信息保密； 2. 合同的制定、校核合同内容及付款条件的确定； 3. 档案的整理——档案的保密性	

招投标法的颁布和实施、政府采购法及其实施条例是我国在工程建设和物资采购领域管理的一大进步，但在具体实践过程中由于执行不到位和配套措施的不完善，仍然不能根治腐败和商业贿赂行为，招标过程的廉政风险是客观存在的。我们必须正视问题，认真开展廉政风险点分析，制定相应对策，完善工作机制和加强全过程管控。只要制度执行到位、风险点找准和监督到位，相信招投标政府采购这些制度法律制度一定会取得好的效果。

三、重庆科技学院政府采购内部控制举措

重庆科技学院政府采购内部控制举措如下：

（1）设置政府采购机构，成立采购工作领导小组，归口负责学校货物类、工程类及服务类项目的采购管理。其中，货物是指各种形态和种类的物品，包括原材料、燃料、设备、产品等。工程是指建设工程，包括建筑物和构筑物的新建、改建、扩建及其相关的装修、拆除、修缮等；所称与工程建设有关的货物，是指构成工程不可分割的组成部分，且为实现工程基本功能所必需的设备、材料等；所称与工程建设有关的服务，是指为完成工程所需的勘察、设计、监理等服务。服务是指除货物和工程以外的其他政府采购对象。

（2）按照“采管分离，分工负责”的工作模式，组织实施全校的政府采购工作。使用单位负责采购调研论证、需求提出、预算编制等。采购部门负责招标采购、合同签订等。资产部门负责验收转固、资产管理等。财务部门负责报账付款等。教务部门（或发展规划部门）负责绩效评估等。纪检、监察、审计部门负责政府采购日常监督。

（3）根据采购金额大小不同，建立内部立项审批程序。审批程序分类如下：

1）采购金额在5万元以下的采购项目，使用单位分管政府采购负责人签字确认采购事项，使用单位经费负责人签字确认经费来源，资产管理部门签字确认场地落实及无重复购置后正式立项。

2）采购金额在5万元（含）以上及10万元以下的采购项目，使用单位分管政府采购负责人签字确认采购事项，使用单位经费负责人签字确认经费来源，资产管理部门签字确认场地落实及无重复购置，分管校领导签字同意后正式立项。

3）采购金额在10万元（含）以上及50万元以下的采购项目，使用单位组建项目工作组，进行项目科学性、合理性、可行性及效益型论证，提出建设意见，使用单位分管政府采购负责人签字确认采购事项，使用单位经费负责人签字确认经费来源，财务部门签字核实经费来源的真实性，资产管理部门签字确认场地落实及无重复购置，项目归口管理部门签字确认项目建设的合理性，分管校领导签字同意后正式立项。

4）采购金额在50万元（含）以上的采购项目，按照学校《重大项目管理

办法（暂行）》有关规定，经学校审批后予以立项。

（4）根据采购金额的大小不同，划定采购权限，采取相应的采购组织形式。其中：

1）单价在500元以下（合计数额小于1万元）的采购项目（除仪器设备、办公家具、基建与维修工程以外），由使用单位自行购置。

2）单价在500元（含）以上（合计数额小于1万元）的采购项目，由采购部门负责采购。一般通过现场采购或询价采购方式，询价不少于3家以上的供应商，根据符合采购需求、质量和服务相当且报价最低原则确定成交供应商。

3）采购金额在1万元（含）以上及5万元以下的采购项目，由采购部门向上级主管部门申报采购方式，根据上级主管部门批准的采购方式实施采购。采购部门应组建采购工作组，纪检、监察、审计部门应参与采购监督。

4）采购金额在5万元（含）以上及20万元以下的采购项目，由采购部门向上级主管部门申报采购方式，根据上级主管部门批准的采购方式实施采购。采购部门须在重庆市政府采购网“分散采购”栏目中发布采购信息。采购部门应从校内专家库中组建评标委员会，纪检、监察、审计部门应参与采购监督。

5）采购金额在20万元（含）以上及300万元以下的采购项目，采购部门向上级主管部门申报采购方式，根据上级主管部门批准的采购方式实施采购。采购部门须在重庆市政府采购网“部门集中采购公告”栏目中发布采购信息。采购部门应从市财政局专家库及校内专家库抽取有关专家组建评标委员会，纪检、监察、审计部门应参与采购监督。

6）采购金额在300万元（含）以上的采购项目，委托社会代理机构组织实施政府采购。

（5）根据采购业务流程，设置采购部门内部人员岗位。调研核价、投标报名、招标采购、合同签订、验收转固、报账付款、日常监督等分别由不同岗位承担，相互形成监督约束机制。

（6）坚持招标文件编制“三审”机制及会审机制。采购经办人员负责招标文件起草，项目负责人负责招标文件校核，采购部门负责人负责招标文件审定。其中，大额物资采购项目，根据情况还实行招标文件会审。会审工作组一般由使用单位、采购部门、财务部门及监督部门有关人员组成。

（7）在重庆市指定媒体重庆市政府采购网上依法公开采购需求、采购预算、采购结果、采购合同等政府采购全过程资料，建成招标信息专题网站，同步公开相关信息。同时，每月编辑一期《招标简报》，每个项目撰写一期招标过程纪要，主动在校内办公系统进行公开，广泛接受监督。

（8）依法组建评标委员会，坚持评标委员会独立评标。开标现场，除部门内部采购监督员参与监督外，主动邀请纪检、监察、审计参与现场监督。建设招标监控网，翔实记录开评标全过程资料。

（9）凡纳入学校政府采购，采购金额在 1 万元以上的采购项目均要签订采购合同。根据采购项目性质及职能部门属性，合同签订由不同部门分工负责。其中：基建部门组织工程类项目采购合同的签订，后勤部门组织维修改造类项目采购合同的签订，教务部门组织教材类项目采购合同的签订，图书部门组织图书资料及数字资源类项目采购合同的签订，医院组织医药器械类项目采购合同的签订，采购部门组织除工程类、维修改造类、教材类、图书资料及数字资源类、医药器械类等外其他采购项目合同的签订。

（10）采购部门组织的合同签订，根据采购金额大小，授权不同人员代表学校签订采购合同。其中：

1）采购金额在 5 万元以下的采购合同，使用单位负责技术协议签订，合同签订经办人员负责合同拟定及校核，授权采购部门负责人代表学校签订采购合同。

2）采购金额在 5 万元（含）以上及 20 万元以下的采购合同，使用单位负责技术协议签订，合同签订经办人员负责合同拟定及校核，采购部门负责人负责合同审核，授权分管采购工作校领导代表学校签订采购合同。

3）采购金额在 20 万元以上的采购合同，使用单位负责技术协议签订，合同签订经办人员负责合同拟定及校核并组织合同会签，授权分管采购工作校领导代表学校签订采购合同。会签单位一般由使用单位、采购部门、财务部门、监督部门组成。

（11）加强采购项目验收管理，使用单位主要负责采购项目技术指标、性能质量、功能效果等的验收，资产管理部门负责实物验收，实物验收程序按资产管理部门有关规定执行。

（12）使用单位负责采购项目的保管、使用与维护，资产管理部门负责采购项目完整性的监督检查以及出租出借、报废等。

（13）重视投标人权益保护，按照《重庆市政府采购供应商质疑投诉处理暂行规定》依法处理政府采购中的有关质疑及投诉事项。

（14）设置合同档案专职岗位，建设专用档案室，制作专门档案盒，按照学校《采购档案管理暂行规定》，完整收集采购过程中形成的各种文字、图纸、图表、声像等不同载体的原始记录并立卷归档。

（15）严格控制采购变更，确因实际需要变更的，必须履行审批程序。由使用单位提出变更申请，项目归口管理部门、招标部门提出变更意见，分管采购工作校领导审批同意。

（16）保守采购秘密，严格执行《招标投标工作纪律（暂行）》，采购人员不准向他人泄露获取招标文件的潜在投标人情况、项目评标专家成员名单、投标文件的评审和比较、中标候选人的推荐、考察情况以及其他与采购项目有关的保密事项和资料。

（17）建立《采购工作问责暂行规定》《采购工作限时办结制暂行规定》等内部控制举措，加强对采购人员的日常管理。

第六章 政府采购内部控制体系的构建

第一节 政府采购内部控制体系构建的目标和原则

一、政府采购内部控制体系构建的目标

根据系统论理论，系统的运行机制、功能、程序、方法和运行的内容等都应当服从系统的目标，系统的所有构成要素都是为了实现目标而运行的。政府采购内部控制也是一个系统，因此构建政府采购内部控制体系必须先确定政府采购内部控制的目标。推行政府采购的根本目的是为了加强财政支出管理，为公共利益服务，政府采购内部控制的目标也就是政府采购的目标。《中华人民共和国政府采购法》对政府采购工作做出了比较全面的规定，参考《中华人民共和国政府采购法》的立法目的，确定信息化环境下政府采购内部控制的目标为提高政府采购效率和财政资金使用效益。

二、政府采购内部控制体系构建的原则

内部控制构建原则是指主体在建立和设计内部控制体系时必须遵循和依据的客观规律。政府采购内部控制的构建应遵循以下原则才能使内部控制不流于形式。

（一）合规性和实用性相结合的原则

合规性原则指在构建内部控制体系时，必须符合国家有关法律法规和有关政府监管部门的监管要求。政府采购作为一种政府行为，受到很多法规制度的约束，如《中华人民共和国政府采购法》《中华人民共和国预算法》《中华人民共和国招投标标法》，以及与政府采购相关的“中华人民共和国财政部令”等也对政府采购行为进行约束，内部控制体系的构建首先要贯彻这些方面的要求，同时，还要根据本地政府采购实际执行的特点，构建符合自身需要的内部控制制度。

（二）全面控制和关键点控制相结合的原则

全面控制和关键点控制相结合是指内部控制要既要涵盖政府采购所有业务，又要对业务处理过程中的关键控制点严格控制。政府采购内部控制是一个全方位

的整体，它渗透于政府采购业务活动整个过程并贯穿始终。全面控制是内部控制健全性的一个方面，要结合管理层面和执行层面构建内部控制，以确保管理层能有效地实施管理活动，执行机构能有效地进行具体业务的操作。关键控制点是内部控制健全性的另一个方面，关键控制点未加控制就比较容易产生舞弊。在构建政府采购内部控制体系时，要讲究控制实效，把握控制要点，全面、准确地对政府采购的全过程做出有效的控制。

（三）目标导向原则

目标是控制的出发点和归宿点，控制的最高宗旨就是实现预定的目标。目标导向原则指应根据控制目标设计内部控制过程。基于财政支出管理视角的政府采购内部控制的目标可分为两个层次：主体层次的目标和活动层次的目标。在目标的执行过程中，要定期进行检查和考核、分析执行结果与计划产生偏差的成因，并向有关部门提出改进控制的建议，以进一步提高内控水平、更好地实现内控目标。

（四）物资流、信息流和资金流合一

信息化环境改变了一切依靠工作人员事后汇总信息的方式，使得信息可以随着业务的进行录入到系统中，做到信息的实时传输。这样意味着数据更及时、更可靠，也更全面。因此，建立信息化环境的内部控制制度，要充分利用信息系统的集成和数据共享，政府采购的物资流、资金流和信息流三流合一的特点，发挥信息系统的数据实时传输和程序控制功能，利用用户权限限制实现内部牵制和不相容职务的分离，使财务数据直接来源于业务数据，形成内部控制网络。

第二节　高校政府采购内部控制体系构建的思路

一、加快建章立制，优化采购流程

（一）加快推进高校政府采购制度建设，完善相关工作机制

1. 建立采购的领导议事决策机制

首先，高校应设立采购活动的决策机构，其形式一般为设立由校长牵头、其他相关领导为成员的采购工作领导小组。其次，要建立集体研究、专家论证和技术咨询相结合的议事决策机制。其中大宗设备采购、重大特殊建设项目的认定标准应当根据有关规定和本校实际情况确定，经相关专家进行科学而充分的论证后提出参考建议，由高校领导班子集体研究决策。

2. 建立与高校发展相适应的政府采购预算管理制度

完善的政府采购预算管理制度应该包括明确的预算编制主体和内容、清晰的预算编审和预算调整程序等。具体来说可根据高校项目实际需求和标准编制政府采购计划并进行细化，以提高政府采购预算编制的科学性。政府采购计划制定必须遵照已批复的预算，确保政府采购预算被严格有效执行。以项目负责人规避政府采购故意拆分项目为例，学校必须加强采购计划的监管，对于临时改变采购计划的行为应要求项目负责人提供理据充分的说明，如发现存在故意规避政府采购等违法行为的要坚决进行问责，维护年度采购计划的严肃性。

3. 完善学校自行采购的相关制度

考虑到高校政府采购种类多、专业性强等特点，上级部门往往赋予高校较多采购自主权，因此，高校应依法完善有关自行采购的规章制度，进一步规范政府采购行为，维护学校的利益。

（二）建立政府采购人员的从业资格管理制度和互不相容的岗位责任制

政府采购业务是一项专业、系统、严谨的业务，其从业人员除了需要熟悉掌握招投标与经济法等相关专业知识外，是否具备过硬的政治素质亦应作为任职考察的重要参考条件。高校要培育一支高素质的政府采购管理队伍，必须建立起一套完善的从业人员资格管理制度，包括制定详细的从业人员资格标准，提供充足的职业培训机会，制定严格的考核制度，逐步实现持证上岗的从业规范要求等。

根据相关政府采购法规和内部控制的要求，学校应当建立采购活动不相容岗位相互分离、制约和监督的岗位责任制。该制度要求每项采购业务都要经过两个或以上部门或人员的处理，即每项业务的完成都处于不同部门或个人的相互监督和制约当中，以大大降低出错或腐败的机会。具体来说，高校政府采购过程中应注意以下工作的不相容分离：申请与审批；询价与采购；采购合同的起草与审核；付款的申请、审批与执行；采购与验收。

（三）建立高校政府采购绩效评价的运行反馈机制

通过建立人均采购额、预算编制率、政府采购周期、采购合格率、售后服务满意率、政府采购节约指标、公众满意度指标等一系列指标，对政府采购的社会效益与经济效益进行综合评价，运用专门的分析方法评价政府采购活动的经济性、效率性与有效性。目前主流的政府采购绩效评价方法主要包括平衡计分卡、层次分析法、杜邦分析等，高校可根据自身条件选择运用。

另外需要明确的是，绩效评价本身不是目的，如何合理运用绩效评价的结果提高学校的管理水平和财政资金的使用效益才是关键。具体做法如下：把评价报告结果反馈给采购有关部门，作为其编制下年度预算和制定绩效目标的参考；完善高校政府采购业务的法规制度，明确各部门采购当事人的行政责任和法律责任，发挥绩效评价的监控问责功能；公开政府采购绩效评价结果，相当于把采购相关部门的工作成绩单公之于众，使采购当事人无形中受到大众监督。

二、建立采购活动风险评估工作机制，加强风险意识，明确责任主体

高校应在对物资采购管理风险进行识别的基础上，建立物资采购管理风险的评估机制和物资采购管理风险控制机制，保证各种风险管理机制有效实施。高校风险管理机制包括对物资采购流程的监控，比如审核供应商资质、评估供应商资质和财务状况。对供应商的产品进行质量检验等都是降低物资采购价格风险、质量风险、合同风险、责任风险的有效手段；对采购物资进行验收、审核验收单的价格和数量是否与采购单一致、审核付款手续是否健全等都是降低物资采购计划风险、采购合同风险、采购验收风险、采购责任风险的有效手段。

采购工作是一项流程复杂、规则严谨、廉政问题高发的管理工作，高校管理层面应提高对采购工作的重视程度，掌握采购内控管理工作的组织实施情况，建立定期风险评估机制，对采购流程设置风险评估点，重点关注高风险领域。高校采购部门需对照相关法律法规梳理不同采购项目的风险等级，为每一个采购项目建立风险事项档案，做到全岗可控、全程可控、全方位可控，提升高校采购工作管理水平和工作效率。高校开展采购活动风险评估应当成立专门的采购风险评估工作小组，并由单位负责人或分管财务工作的校领导担任组长。风险评估工作小组可以设置在内控部门或者牵头部门。每年至少进行一次政府采购风险评估；外部环境、政府采购活动或管理要求等发生重大变化的，应及时对政府采购活动风险进行重估。风险评估结果应当形成书面报告并及时提交学校领导班子，作为制定风险应对措施的依据。

风险评估程序包括目标设定、风险识别、风险分析和风险应对。首先，通过对相关风险的评估，高校不但能识别采购活动中是否存在国家政策变化、制度改革、价格变动等因素产生的外部风险，还能识别各种内部风险，如采购程序不规范、采购信息不公开、监督不完善等。其次，通过对风险的识别，评估和预测风险发生的可能性。最后，根据自身风险的承受能力制定风险应对略，一般有风险规避、风险降低、风险分担和风险承受四种。

三、科学设置岗位，规范权力运行

随着社会经济的发展，高校在其中所扮演的角色越发重要，同时也促进了高校的发展；然而，若相应的设备等物质不能满足高校的发展速度，那么也会阻碍其发展。因此，高校应该对其采购工作加以重视，首先，建立独立的招标采购部

门，作为学校的直附属单位，使其地位具有一定的独立性，能够更好地发挥其作用；并且组织相应的监督人员，对学校政府采购的各个环节进行全程监督。其次，招投标部门应该将采购物资进行合理的分离，分别设立专门的物资采购管理科和工程采购管理科，对采购物资进行有效的归纳采购，提高采购资金的利用率和采购效率；并且还应该设立专门的综合科，管理合同签订等事项，确保合同的签订及履行得到了相应的分离管理，在一定程度上减少由合同造假产生的合同风险。最后，招投标部门还应该对普通品和特殊品的采购进行严格的区分，指定专业的采购人员组成特殊品采购小组对其进行采购，确保采购的物资满足相应的特殊需求。近年来，国内很多高校设立了独立采购部门，采购部门大多处在组织架构建立阶段，人员配备紧张、一岗多责、权责不清的问题普遍存在。因此，高校采购应依据“不相容岗位分离”原则，充分配备专业采购人员，建立岗位间制衡原则，确保采购需求制定与采购文件审核、合同履行与验收管理等岗位分别设置，高风险采购环节多人参与，实施定期轮岗制度，明确采购项目责任制，防止权力集中出现廉政问题。科学设置不同的岗位，既要保证工作的正常开展，又要节约人力资源成本。

四、强化技术保障，提高采购效率

随着大数据时代的来临，信息与沟通机制建设的重点是信息系统。对于招标采购，高校应当充分利用信息技术进行管理，并且将信息技术涵盖业务全要素、全周期，积极推进招标采购的电子化进程，实现全流程电子化交易、信息集中共享、监督等，促进自动控制和高效控制，节省人力资源成本，使政府采购过程中可能存在的失误或人为操纵得到控制，提高招标采购的科学性、及时性和实效性。高校采购部门应当依托信息化手段固化采购流程，将内控理念、采购制度体现在信息系统中。将采购预算编制、采购计划编制、采购申请审批通过管理系统实现流程化审批，采购项目全程无纸化办公；探索供应商管理、供应商服务质量跟踪、评审专家管理、评审专家抽取等管理职能通过电子化手段实现，采购信息全程可追溯。现在很多高校已经建立了采购管理系统，专人负责采购审核，有效提高了采购效率，强化了采购工作的内部控制管理。也有部分高校推出了网上竞价平台，供应商在同一平台提供报价、服务，有利于促进公平竞争，提高采购效率。高校政府采购网上竞价模式充分体现了公开、公平、公正、诚实信用的原则。网上竞价管理系统在采购效率、采购监督以及开放性方面可以更符合高校采购的实际，能根据高校政府采购的特点进一步完善，以充分发挥其优势，实现政府采购效能的提升。网上竞价采购对提高高校政府采购的效益、效率和效果具有十分重要的作用。

五、加强信息公开，引入外部监督

现有高校内部控制监督常常事后评价，监管部门并未参与采购全过程，导致内部监督流于形式，未发挥有效监督作用。各高校应根据自身实际情况做好采购项目的全过程信息公开，明确主动公开事项基本目录，明确信息公开工作机制，提高采购透明度。针对采购合同、采购项目质疑及处理情况等信息公开薄弱环节，加强内部监督，保证信息公开工作真实有效。同时考虑引入外部监督，对采购工作实行多方位监管，提高高校采购工作管理水平。高校的信息与沟通监控机制是其实施内部控制的重要条件，要强化学校政府采购各职能部门与监督部门的信息沟通，需从信息质量、沟通制度、信息系统、反舞弊机制等方面入手。

（1）建立定期向上级汇报的沟通制度。高校的政府采购部门要定期把已完成政府采购项目及执行中或即将执行的重大采购项目情况向学校政府采购领导小组及纪监监察等部门报告，以便学校政府采购领导小组及有关部门可以根据掌握的情况，及时进行预防性和针对性的内部监控。

（2）设立并完善政府采购信息管理系统。借助现代发达的网络信息通信技术，高校应该早日完成政府采购信息系统的电子化，逐步实现不同政府采购模式下信息的查询、统计、交易等功能，保证政府采购活动信息公开准确、安全高效。

（3）建立严格的信息公开和信息保密制度。在高校政府招标采购的过程中，一味片面强调信息公开或者信息保密均不能保证采购过程的公平公正。要建立严格的信息管理制度，必须先明确相关公开和保密的事项以及条件，落实好相关采购部门负责人的权利与义务。例如招标公告、中标结果、验收报告等信息的发布，其目的是让所有符合条件的竞标者都能获取公平参与采购竞争的机会，所以应及时完整地公布到指定信息平台；而在招投标信息发布前，采购内容、投标人信息、评标专家人员名单、评标过程等信息则需要进行严格保密，一旦泄露则要对相关人员调查问责。

六、注重全面管控，确保全流程可控

高校政府采购活动一般需要经过申购立项、组织采购、验收付款等多个环节，经由采购管理部门、财务、审计、监察等多部门联合参与，因此必须明确各部门的监督职权，建立贯穿采购全程的监督体系和长效的反舞弊机制。

据调研，国内大多数高校是财务部门制定采购预算，使用部门制定采购计划，采购部门按照既定的采购预算和计划执行即可，三个重要的采购环节缺乏有效的管理连接。而且项目验收经常流于形式，前期采购工作严格的风险防控，却常常由于验收管理松懈，导致了国有资产配置不合理和财政资金的浪费。因此，高校采购工作应注重预算编制的科学性和采购的计划性，关注合同执行和验收情况，不同部门分工协作，制定全流程管理规范和控制措施，保证采购工作全程可控，确保财政资金能够充分利用。规范科学的内部控制管理是高校采购工作有效运作的基础，对落实党风廉政建设工作具有重要意义，高校采购部门应合理规划内控管理模式、科学衔接采购流程，提高采购管理水平，规范高校采购权力运行。

（一）事前监督

事前监督指采购管理部门通过对采购的立项论证、需求审核、预算编制等关键环节实施重点监控，以达到保证采购项目的必要性、成本预算的合理性等目的。监督的重点包括采购项目资金的到位情况、购置计划的执行情况、采购立项过程的依法情况等。

（二）事中监督

事中监督指对采购方式和供货商的选择、采购决策与招标、合同履行等关键环节实施重点的监控，是政府采购项目取得预期效果与采购流程合法合规的重要保证。监督审查的重点包括招标文件的是否具有排他性内容，投标单位的资质情况，评标专家选取过程的合规性，评标标准与方法的科学性，开标评标工作是否做到公平、公正、公开。

（三）事后监督

事后监督主要指对采购项目验收、付款审查、合同履约情况等关键环节实施重点的监控和跟踪。验收是检验整个采购项目质量的重要手段，验收小组应包括项目单位代表、审计、监察、招投标管理部门，重大设备的验收还应邀请相关独立专家参与。

另外为了保证采购项目的质量，验收小组必须现场对设备安装调试进行全程监控，逐项查验设备相关来源质量等资料证明。对付款环节的监督主要是通过翻阅会计记录和凭证审查采购的授权控制情况。另外，高校应对政府采购预算和计划的落实情况进行监控和跟踪。对没有按时落实的预算采购项目，要及时追查原因并审查是否存在失职舞弊的行为。

（四）协同监督

高校政府采购执行过程中参与的部门广、步骤多、政策性强，为相关部门开展监控活动带来难度，因此高校应该建立包括采购管理部门、财务、监察、审计以及使用部门等各职能部门协同监管的制约机制。通过定期召开部门间联席交流会议，促进相互工作中的了解、协调与配合，充分调动监管部门的积极性，提升监督效率，对采购业务实施无死角的立体监控。

七、加强高校政府采购内部控制和审计监督

政府采购内部审计制度是高校政府采购内部控制的重要组成部分。学校内部审计部门在对政府采购进行监督时，可以从以下几个方面入手：

（1）审查政府采购预算的合法性。政府采购预算是部门预算的组成部分，它的编制和确认要遵循一定的程序并办理一定手续。因此必须审查政府采购预算的上报、采购预算的批复、临时预算的追加等环节。审查政府采购预算的形成是否规范时，重点要审查预算过程中有无任意追加或消减现象以及预算的追加或消减是否遵照规定的审批程序办理。

（2）审查政府采购内部控制制度的健全和执行情况。首先审查政府采购内部控制制度的建立健全情况，然后根据不同的采购方式，采取符合性测试和实质性测试相结合的审计程序，对内部控制制度的遵循情况进行检查。通过政府采购内控制度的评审，可以为深入开展政府采购审计确定重点和范围，节约审计成本，提高审计工作质量和效率。

（3）审查政府采购计划的合理性。政府采购计划是根据政府采购预算编制的，它是政府采购预算的具体实施方案，也是年度政府采购预算执行和考核的依据。审查时要看学校负责政府采购的职能部门是否按法律规定履行自己的职责，使用单位提出的采购需求是否必要，是否符合预算和政府采购计划，预算的数字是否有依据，政府采购资金的筹集是否合法合规并及时足额到位，有无擅自扩大采购规模、挪用其他资金、截留转移等问题。

（4）审查招投标过程的合法性。审查招投标活动，主要目的是遏制招投标过程中的违法行为，维护公平竞争的市场环境，保护社会公共利益和政府采购当事人的合法权益。审计时，应注意投标者之间是否相互约定，一致抬高或压低投标报价，或在招标项目中轮流以高价或低价位中标；投标者是否先进行内部竞价，内定中标人，然后再参与投标；投标者在公开开标前，有无开启标书，并将投标情况预先告知其他投标者，或者协助投标者撤换标书，更改报价的行为；招标者是否与投标者商定，压低标价或抬高标价，中标后再给投标者或招标者额外补偿；有无招标者预先内定中标者或向投标者泄露标底等违规行为。审查时，对于小团体利益、地方保护主义、人情关系等问题要特别予以关注。

（5）审查政府采购形式和方式，检查采购部门有无随意采购，擅自扩大范围、提高标准，有无规避政府采购监管的问题；政府采购方式的选择是否符合法律规定，是否贯彻了以公开招标作为政府采购的主要方式，采用非公开招标方式的理由是否充分等问题。对于学校委托采购代理机构进行采购的项目也应作为检

查的范围。审计部门要与监察部门互相配合，参与采购代理机构的选择和资格审查工作，并全程跟踪其采购活动，包括评审专家的抽取、评审标准的确定及专家投票的统计等。

（6）审查政府采购程序、审查政府采购资金的来源和使用情况。应分别按公开招标、邀请招标、竞争性谈判、询价、单一来源采购等不同方式的法定程序进行审查；审查各类专项资金是否做到了专款专用。

（7）审查政府采购合同的订立和履行情况。要审查政府采购合同的合法性、合规性；审查政府采购合同条款和内容是否完整、明确、具体，意思表达是否清楚准确；审查政府采购合同的履行情况等。

第七章　高校政府采购内部控制的评价

第一节　高校内部控制评价体系的构建原则

2012 年财政部印发了《行政事业单位内部控制规范（试行）》(财会〔2012〕21 号)，目标是保证单位经济活动合法合规、资产安全和使用有效、财务信息真实完整，有效防范舞弊和预防腐败，提高公共服务的效率和效果。2015 年财政部印发《关于全面推进行政事业单位内部控制建设的指导意见》(财会〔2015〕24 号)，提出到 2020 年，基本建成与国家治理体系和治理能力现代化相适应的，权责一致、制衡有效、运行顺畅、执行有力、管理科学的内部控制体系的建设目标。2016 年财政部又印发了《关于开展行政事业单位内部控制基础性评价工作的通知》(财会〔2016〕11 号)，提出了行政事业单位应于 2016 年底前完成内部控制的建立与实施工作，同时财政部又下发了《关于加强政府采购活动内部控制管理的指导意见》(财会〔2016〕99 号)。据此，全国各高校在上级主管部门的指导下相继开展了内部控制基础性评价工作。结合学校开展内部控制基础性评价工作，本章就如何做好政府采购内部控制提出一些有效的构想，并展开实践研究。

系统的内部控制评价体系是内部控制评价的制度保证，构建时应充分考虑相关资源的配合以及风险和控制的关系。总的来说，构建一个系统的内部控制评价体系，应把握以下原则：

（1）内部控制评价应作为 PDCA 循环的一环。1930 年沃特・阿曼德・休哈特提出 PDCA 循环理论的构想，后来在 1950 年该理论被美国质量管理专家戴明（W. Edwards Deming）博士挖掘出来并广泛应用于全面质量管理。PDCA 循环包括四个环节，依次为计划(plan)—实施(do)—检查(check)—处理(act)。一个完整的内部控制系统同样也包括四个环节，形成一个带有反馈回路的闭环控制过程，即“设计—执行—评价—改进”，这四个环节构成一种持续的过程，形成一个密不可分的有机整体，而且恰好体现了 PDCA 工作原理在内部控制建设中的具体应用。其中，内部控制评价就相当于 PDCA 循环中的检查（check）环节。内部控制的有效性包括设计有效性和执行有效性，而判断内部控制是否恰当设计并得到有效执行，主要依赖对内部控制的评价，可以说，评价是内部控制过程中一个承前启后的关键环节，是促进内部控制系统改进的重要反馈渠道。通过信息的反馈可及时向控制主体传递信息，及时纠正管理活动中偏差。

（2）内部控制评价的经济性原则。经济性原则，也称为成本效益原则，即实施内部控制评价所取得的收益要大于因实施内部控制评价而花费的成本。实施内部控制本身就是通过完善的内部控制制度，降低成本和人为因素，提高单位综合效益。如果实施内部控制所花费的成本大于其本身所能带来的效益，就失去了实行内部控制的必要性。因此，在开展内部控制评价时，既要围绕关键风险点评价内部控制措施是否科学、合理、有效，又要评价内部控制的目标是否实现，是否是以尽可能小的成本取得了最大的内部控制效益。成本效益原则要求其甄选重点风险环节。此外，内部控制评价是一个持续进行的过程，应根据经济性原则，合理确定实施内部控制评价的时间间隔。

（3）内部控制评价要考虑风险导向。传统的内部控制评价方法主要有符合性测试和“内部控制调查问卷”，一般通过这两种方法来评价企业现有的内部控制。而风险导向审计则要求我们改变传统的方式，从企业发展战略和业务流程的风险上入手，分析总结，提出可行的风险控制建议及方案。作为高校，所有的活动都是为了提高办学效益，内部控制评价也不例外，它只能作为提高高校办学绩效的一个工具，而不能成为高校的目的。换言之，评价内部控制并非是为了控制本身，而是针对运营过程中可能面临的风险。因此，内部控制评价主要考虑现有的内部控制是否能将剩余风险控制在可接受的水平；而且内部控制评价的结果应该作为相关责任人业绩的一部分，通过将内部控制评价和高校办学绩效以及个人业绩对接来提高高校完善内部控制的自主性。

第二节 高校内部控制评价体系的基本要素

一、高校内部控制评价的主体、客体及标准

（一）高校内部控制评价的主体

评价主体是指由谁来实施内部控制评价，评价目的不同，其评价主体也不同，而不同的评价主体，评价视角和结果也会大相径庭。因此，研究内部控制评价不可忽视对评价主体的研究。内部控制评价的主体主要分为外部评价和内部评价两大类。前者主要是以注册会计师为主体，内容侧重于鉴证领域的内部控制评价；而后者主要是以高校内部审计机构为主体，管理层和其他相关人员也广泛参与，内容侧重于管理领域的内部控制评价。目前，教委在开展高校财务收支及预算执行情况审计的过程中，高校内部控制制度的建设和实施情况等问题已经引起了注册会计师的关注，但是他们还没有专门针对内部控制进行专项审核，也没有对内部控制的有效性发表意见并出具审核报告。财政部在《关于加快我国注册会

计师行业若干意见的通知》中提出，应大幅度拓展会计师事务所的执业领域，将高校、医院等非营利机构的会计报表也纳入审计范围。但是高校庞大的经济规模和复杂的资金状况使得其评价体系非常复杂，会计师事务所由于受专业技术限制，对高校行业特点和内部情况不够熟悉，因此，对高校的审计迟迟难以提上日程。虽然基于鉴证视角的内部控制评价，独立性强，评价结果相对较为客观、公正，但是也存在一定的缺陷。由于这种评价只是事后评价，不能及时从根本上改变或提高高校的管理水平，满足不了现代经济环境的要求。因此，从现代内部控制理论看，高校的内部控制评价，应当是以内部审计部门为主，管理层适当参与，全体教职工甚至更广泛的人员积极配合。内部控制评价主体多元化是内外部环境变化和内部控制理论发展的必然结果。不同的主体从各自需求出发，为了实现不同的目的，采用不同的方法和程序，从不同层次对高校内部控制制度和执行情况进行评价，将更加有利于内部控制的加强和完善。本书立足于高校内部的角度构建内部控制评价体系，研究的视角是基于管理的视角。

（二）高校内部控制评价的客体

内部控制评价的客体是内部控制评价的实施对象，即对什么内容进行评价。内部控制评价客体的确定应遵循以下原则：一是全过程性原则。从时间范畴看，内部控制是一个动态的过程，其有效性是在特定时点的状态，因此，也要将内部控制评价作为一个过程，贯穿在高校日常的业务活动中。从空间范畴看，内部控制是对高校办学活动全过程进行的控制，包括货币资金、预算、收入、支出、分配、投资、筹资等各个方面的控制。因此，内部控制评价应打破传统内部控制的局限性，拓展到整个高校所有活动的控制，从而构建更为系统、全面的内部控制评价体系。二是分层次原则。内部控制体系分为整体层面和业务流程层面。无论是哪个层面的内部控制都应对高校内部控制的五要素，即控制环境、风险评估、控制活动、信息与沟通以及监控进行控制，只是侧重点会有所不同。

（三）高校内部控制评价的标准

评价标准是判断评价结果优劣的标尺，要进行科学的内部控制评价，就必须有一套合理的评价标准，通常包括一般标准和具体标准。一般标准是指应用于内部控制评价的各个方面的标准，即内部控制制度整体运行应遵循和达到的目标，包括内部控制的完整性、合理性和有效性三个方面。

首先，内部控制的完整性包括两层含义：一是高校根据办学的需要，应制定的内部控制均已制定；二是要对办学活动的全过程进行自始至终的控制。需要指出的是，完整性在一般标准（完整性、合理性和有效性）中处于基础地位，是其他两个一般标准的前提。如果连最基本的完整性方面的要求都实现不了，则合理性和有效性则无从谈起。

其次，内部控制的合理性同样包含两个方面的要求：一是指内控设计和执行的适用性；二是指内控设计和执行的经济性。其中，适用性是首要要求，高校应根据自身特点制定适用的内部控制制度，不能完全照搬他人做法。而经济性则是对适用性提出了更高的要求，是附加的一个的限制条件，即内部控制的最终目的是要提高高校的办学效益，减少资源浪费，实现可持续发展。

再次，内部控制的有效性也包括两层含义：其一，内部控制政策和措施符合国家法律法规；其二，设计完整、合理的内控制度在高校办学过程中能得到贯彻执行，发挥作用，实现高校内部控制的目标。有效性是内部控制的精髓，它以完整性和合理性为基础，是内部控制完整性和合理性的目的。

具体标准是指用以评价内部控制具体细节设计和执行情况的判断标准，是内部控制运行应当遵守和实现的目标。内部控制的一般标准和具体标准是密不可分、相辅相成的。其中，一般标准为具体标准提供指引、指明方向，而具体标准为一般标准提供科学合理的度量，使评价工作具有可操作性。高校内部控制评价的具体标准分为两个层级：第一层是内部控制评价要素标准；第二层是内部控制的具体业务控制评价标准，也称为作业级评价标准。

二、高校内部控制评价的目标、方法

（一）高校内部控制评价的目标

评价目标指的是通过评价要达到的效果如何。由于内部控制评价的最终目的是实现内部控制系统的有效性，完善内部控制，其实质是对内部控制的再控制，最终目的是为了实现内部控制的目标。因此，内部控制评价的目标与内部控制的目标是一致的。内部控制评价的目标应该是从内部控制的目标出发，对内部控制的设计和执行进行评价，考核内部控制所规定的目标是否实现。在具体界定内部控制评价目标时，不同的评价主体对内部控制评价目标的界定有所不同。如外部监管部门实施的内部控制评价，主要关注的是内部控制所要达到的财务报告目标和合法合规目标；而高校自身进行的内部控制评价，其目标就不能仅仅局限于财务报告目标和合法合规目标，还应关注运营目标、战略目标、社会责任目标的实现程度。关于高校内部控制的目标本书第二章已做说明，此处不再赘述。

（二）高校内部控制评价的方法

内部控制评价的方法很多，总的来说可以划分为两个层次：总体评价方法和具体操作方法。总体评价方法主要有两种，分别是详细评价法和风险基础评价法；具体操作方法通常包括询问、观察、检查和重新执行等。此外，除了上述两个层次的方法之外，在进行评价指标体系的构建时，还经常会用到一些统计的方法，如层次分析法、模糊综合评价法等。

总体评价方法中详细评价法的基本思路是：首先，以内部控制框架（或标准）为参照物，通过判断内部控制框架中制定的各个组成要素存在与否来评价内部控制的设计有效性；然后，对内部控制的运行有效性进行评价；最后，综合前两步的结果，对内部控制的有效性得出一个整体评价，评估影响内部控制目标实现的风险因素，并判断重大漏洞存在的可能性，最终判定内部控制有效与否。总体评价方法中风险基础评价法的基本思路是：首先，针对影响既定目标达成的相关风险进行评估；其次，针对评估出的风险，判断企业是否存在应对该风险的内部控制措施；再次，搜集寻找相关证据，以评价已存在的内部控制的运行是否有效；最后，评估内部控制的缺陷，判断是否为实质性漏洞，对内部控制有效与否做出最终评定。通过以上内容可以看出，这两种评价方法在逻辑起点和程序方面存在较大的差异。

第三节　高校政府采购内部控制评价

一、剖析评价指标，准确把握政府采购内控的实质内涵

（一）政府采购在高校内部控制体系的比重

政府采购属于内部控制六大业务层面之一，《教育部直属高校经济活动内部控制指南（试行）》要求重点关注是否按照预算和计划组织政府采购业务；是否按照规定组织政府采购活动和执行验收程序；是否按照规定保存政府采购业务相关档案，并就政府采购业务提出了具体的内控要求。为开展内部控制基础性评价工作，财政部制定了《行政事业单位内部控制基础性评价指标评分表》。该表共有 12 个一级指标、79 个二级指标，其中涉及政府采购一级指标 1 个，占 7 分，在其他一级指标中包含政府采购业务的二级指标有 6 个，占 3.5 分。可见，政府采购业务是内部控制基础性评价的重要方面，并直接影响到学校正常运行与发展。

（二）政府采购评价指标的实质内涵

行政事业单位内部控制基础性评价采用量化评价的方式，分别设置了单位层面评价指标和业务层面评价指标。在单位层面，政府采购相关指标包括建立政府采购管理制度、设置不相容岗位与职责、业务流程信息系统控制；在业务层面，具体指标有政府采购合规、落实政府采购政策、政府采购方式变更和采购进口产品报批。单位层面：一是要完善政府采购管理制度。评价制度不仅要有，而且应涵盖预算与计划、需求申请与审批、过程管理、验收入库四个方面。二是设置不

相容岗位与职责。针对高校政府采购管理业务，要落实《教育部直属高校经济活动内部控制指南（试行）》第三十三条确保政府采购需求制定与内部审批、招标文件准备与复核、合同签订与验收、验收与保管等不相容岗位相互分离，并明确相应的职责，形成相互制约、相互监督的工作机制。三是加强政府采购业务流程设计，实现网上流转签批，建立政府采购制度规定的各项业务控制流程的内部控制管理信息系统。业务层面：高校采购货物、服务和工程要严格执行上级财政年度政府集中采购目录及标准，对照检查是否做到应采尽采。国家和省制定的优先采购自主创新、节能、环保产品政策，是否发挥了政府采购政策功能；鼓励创新，节约能源，保护环境，促进经济社会可持续发展，促进中小企业发展等政策，是否得到认真贯彻落实。采用非公开招标方式采购公开招标数额标准以上的货物或服务，以及政府采购进口产品，应当按照规定报批。

二、政府采购基础性评价的原则及指导意义

（一）坚持以评促控的原则科学设计政府采购程序控制方法，防范风险

将政府采购内部控制贯穿于高校政府采购活动的决策执行和监督的全过程，实现对政府采购预算、采购需求、招标文件、招标评标、合同、验收及支付等过程的全面控制。采取在兼顾全面的基础上突出重点的政府采购内部控制评价方法，关注采购流程中采购方式选取、采购需求确定、采购文件编制、合同签订、履约验收等关键节点，重点关注涉及内部权力集中的重点领域和关键岗位，着力防范可能产生的重大风险。

（二）坚持底线思维和问题导向原则

立足于学校的实际情况，采用以基本事实作为主要依据的客观性指标进行评价。要建立科学的政府采购内部控制管理体系，创新政府采购管理手段，保障政府采购工作的合法合规，促进校内采购规章制度自我完善。内部控制工作永远在路上，要切实加强政府采购活动中的权力运行监督，有效防范舞弊和预防腐败，不断提升政府采购活动的组织管理水平和财政资金使用效益，促进学校健康、有序地发展。

（三）坚持内部控制，推进依法采购加强内部控制

促进高校政府采购相关部门间的相互制衡，形成相互监督和制约机制。同时，通过授权审批、不相容岗位分离等手段对关键岗位实施监控以及审计监督部门的介入，能够有效地预防政府采购过程中腐败行为的发生。把政府采购部门的权力始终关在内部控制全面监控体系的笼子里，控制法律风险，严防廉政风险，落实政策功能，提升履职效能，对落实党风廉政建设主体责任、推进依法采购具

有重要意义。

三、以评促控，构建政府采购内部控制管理体系

（一）事权管理体系

政府采购事权涉及高校、采购代理机构和监管部门。目前高校在政府采购管理方面都设立了归口管理部门，有的独立设立采购中心，有的是资产管理部门设置专门科室。归口管理部门负责建立学校政府采购内部控制制度，明确学校相关部门在政府采购工作中的职责与分工，建立政府采购与预算、财务（资金）、资产、使用等业务机构或岗位之间沟通协调的工作机制，共同做好编制政府采购预算和实施计划、确定采购需求、组织采购活动、履约验收、答复询问质疑、配合投诉处理及监督检查等工作。委托采购代理机构采购的，要依法签订政府采购委托代理协议，明确代理采购的范围、权限和期限等具体事项。上级财政监管部门应对学校政府采购执行情况进行评估检查，学校监察、审计部门应定期对政府采购执行的岗位进行专项审计，并实施在岗监督、离岗审查和项目责任追溯等控制措施。

（二）风险防范体系

高校政府采购在选取采购方式、确定采购需求、编制采购文件、签订采购合同、执行合同验收等方面内部存在廉政、经济及法律等风险。如化大为小，化整为零，缩短公告日期；预算偏高，重复购置，技术参数具有倾向性；设定具有指向性关键性技术指标，设定排他性的特殊技术条件和商务条件；合同审核不严，监管不到位，验收责任不强等。从内部监管角度建立政府采购廉政风险防体系。

第一，建立高校政府采购廉政风险内控制度。坚持分权分层管理原则，科学分解和配置权力，明确程序、职责权限及相应的防控办法，保证权力行使相互交叉，相互监督，相互制约，从而有效防止权力被滥用。

第二，建立五个关键点的审核机制。一是审核采购需求是否完整、准确，重点审查技术参数、技术条款、服务、评分标准等要求是否指向特定供应商，审查采购需求是否经过论证及相关职能部门的审核确认。二是审核采购方式是否符合国家、地方法律法规的要求，重点审查是否有化整为零规避招标，将公开招标项目变成单一来源或邀请招标以及单一来源采购和批量采购的程序。三是审核招标文件内容是否完整、条款是否明确、性能指标是否合理和公平、评分标准是否科学合理等。四是审查合同内容是否完备、合法，重点审查合同中货物数量、单价、型号、参数是否和中标供应商投标文件内容一致，以及违约条款、退货条款、质保条款、服务条款等必要条款是否遗漏，双方权利义务、履约方式是否明确，审核签订合同前是否经过相关部门会审等。五是审查合同履约验收，检查是

否按照合同核实实物，重点审核货物变更的审批手续。

（三）采购管控体系

高校采购货物、工程和服务等活动具有种类多、金额大、专业性强的特点，而政府采购又是一项依法按程序执行的、系统的、复杂的工作。提高政府采购效能，重点需要强化源头、过程和信息的管控。（1）源头管控。严格政府采购预算机制，高校要建立预算编制、政府采购和资产管理等部门或岗位之间的沟通协调机制，科学、合规、合理编制政府采购预算，按照已批复的预算安排政府采购计划。（2）过程管控。坚持不相容岗位相互分离，合理设置政府采购需求制定与内部审批、招标文件准备与复核、合同签订与验收、验收与保管等关键岗位，明确划分职责权限，实施相应的分离措施，形成相互制约、相互监督的工作机制。（3）信息管控。加强政府采购档案管理，妥善保管政府采购预算与计划、各类批复文件、招标文件、投标文件、评标文件、合同文本、验收证明等政府采购业务相关资料，定期对政府采购业务信息进行分类统计，并在内部进行通报。

四、以评促改，提升政府采购效能

（一）完善政府采购管理制度

根据国家和重庆市制定的政府采购方面法律法规及方针政策，按照财政部制定的《行政事业单位内部控制基础性评价指标评分表》中二级指标要点及评价细则，完善了学校政府采购管理方面的规章制度。如制定《政府采购管理办法》《政府采购档案管理办法》《政府采购内部控制管理办法》《政府采购项目验收实施细则》《经济合同管理办法》等制度。

（二）落实不相容岗位分离及岗位职责

学校根据政府采购不相容岗位相互分离的原则，在计划财务处设置采购与招标办公室，在科室下面设置政府采购预算与计划岗、合同监管验收岗、信息与支付岗，实施按政府采购流程分段设岗管控机制，并制定了具体的岗位职责。同时，在需求制定与内部审批方面，业务部门负责论证采购需求，提出采购需求计划，业务主管部门、计财处、资产管理处、项目领导小组负责审批。在招标文件准备与复核方面，业务部门准备招标文件采购需求，招标采购办公室负责招标文件复核，代理机构负责编制招标文件。在合同签订与验收方面，按校长授权，由被授权人签订政府采购合同，业务部门负责采购项目验收。在验收与保管方面，代理机构抽选社会专家对政府采购项目进行验收，业务部门组织技术小组进行技术验收。业务部门具体使用人或管理人负责保管。

（三）实现政府采购预算与计划网上流转签字审批

利用数字校园 OA 系统，按预算经费、项目经费、专项经费将政府采购预算进行分类，并将政府采购计划审批流程进行信息化设计，施行网上流转签字，杜绝无预算采购，提升内控管理水平。如项目经费流程：业务单位申请—业务主管部门审核—计财处审核—资产管理处审核—招标采购办公室申报政府采购计划—财政批复。

（四）以招标方式选择工程项目设计、造价、监理、招标代理等单位

为进一步规范政府采购工作，组织了工程设计、造价、监理、外贸代理商、招标代理机构遴选工作。通过校内招标，遴选工程设计、造价、监理为 2 家单位；进口货物招标 2 家外贸代理商、招标代理机构 5 家代理机构；家具设备 3 家供应商。这些供应商和服务机构的选择，不仅是高校政府采购内部控制的要求，也保证了执行政府采购合规与合法性，强化了程序性，提高了风险防范能力。

总之，高校要牢固树立廉洁是政府采购生命线的根本理念，把纪律和规矩挺在前面。继续深化内部控制体系建设，建立内部控制长效机制，保证各项权力之间的相互制约，推进政府采购流程优化、执行顺畅，提升政府采购整体效能，确保依法依规高效优质地完成采购工作，为学校发展保驾护航。

第八章　高校政府采购内部控制廉政风险案例分析
——以重庆科技学院为例

第一节　重庆科技学院基本情况

重庆科技学院是一所全日制公办普通本科院校，由两所1951年开始办学并保持良好声誉的原中央部委属学校——重庆工业高等专科学校和重庆石油高等专科学校合并组建，2004年5月经教育部正式批准设立。学校占地2200亩，建筑总面积60余万平方米，教学仪器设备总值3.82亿元。学校图书馆建筑面积4.2万多平方米，藏书293.6万册，并拥有大批数字化信息资源。现有教职工1500余人，有全日制在校学生2万余人。

学校设立了石油与天然气工程学院、冶金与材料工程学院、机械与动力工程学院等16个学院。有石油与天然气工程、安全工程、地质工程和冶金工程共4个领域专业硕士点和石油工程、冶金工程、机械设计制造及其自动化、计算机科学与技术、化学工程与工艺、土木工程、安全工程、会计学、国际经济与贸易、数学与应用数学、英语、艺术设计等57个本科专业。学校建有国家级实验教学示范中心2个、国家级虚拟仿真实验教学中心1个、国家级工程实践教育中心4个、国家级大学生校外实践教育基地4个，市级人才培养模式创新实验区4个、市级实验教学示范中心8个、市级大学生校外实践教育基地2个、省部级质量工程项目29项。学校还建有重庆市级教学团队9个、精品课程9门、双语教学示范课程3门、精品视频公开课9门、精品资源共享课6门。

学校有石油与天然气工程、材料科学与工程、机械工程、控制科学与工程、安全科学与工程等5个省部级重点学科，有复杂油气田勘探开发、纳微复合材料与器件、非矿山安全与重大危险源监控、职业危害检测与鉴定、工业发酵微生物等5个省部级重点实验室，非常规油气田开发、工业过程在线分析与控制、复杂金属矿产资源增值处理与清洁提取等3个重庆市高校重点实验室，有省部级协同创新中心1个、工程技术研究中心7个、高校工程研究中心3个、社科研究中心1个、科普基地3个。2011年以来，承担了国家“863”重大专项、国家自然科学基金和国家社会科学基金等近100项国家级课题，获授权专利、发明专利、实用新型专利、软件著作权登记、外观设计等近1300项，出版学术著作近120部，有近2200篇论文被美国《科学引文索引》(SCI) 和《工程索引》(EI) 等检索和收录。2012年以来，年科研经费均超过1亿元。学校科研成果获得国家科技进步特等奖、国家技术发明等省部级及以上科学进步奖60余项。

该校作为一所普通地方本科院校，以该校视角研究政府采购内部控制廉政风险防控，具有普遍意义。学校组织结构清晰，实行党委领导下的校长负责制。设立有党群部门：组织部、宣传部、纪委办公室（监察处)、保卫部、研究生部、学工部等其他部门，此外设立了行政部门：党政办公室、计划财务处（采购与招标办公室)、审计处、资产与后勤管理处、基建处等其他部门，此外还设有各二级学院、科研院所等部门。

第二节　政府采购内部控制制度建设情况

一、制度建设方面情况

高校政府采购内部控制制度是高校内部控制制度不可或缺的一部分，是内部控制制度有效执行的基础，是资产能够得到有效管理的保证，所以高校应该建立完善的政府采购内部控制制度。重庆科技学院对政府采购的管理比较重视，近年来陆续建立了专门的内部控制制度，制定的采购与招标管理办法见表8-1。

表8-1　重庆科技学院政府采购内控管理制度清单

序号	学校制订的相关内控制度	备注
1	《经济活动内部控制规范（试行)》	
2	《重庆科技学院采购管理办法》	
3	《重庆科技学院采购档案管理暂行规定》	
4	《重庆科技学院评标专家及评标专家库管理暂行办法》	
5	《重庆科技学院招标采购工作纪律》	
6	《限额以下工程招投标管理办法（暂行)》	
7	《重庆科技学院工程建设项目招标代理机构遴选管理暂行办法》	
8	《二级学院财政性资金建设项目采购考核管理暂行规定》	

二、机构人员设置情况

重庆科技学院从2011年独立设置采购与招标办公室，挂靠在学校计划财务处，归口管理学校招标采购工作。在学校成立了学校采购工作领导小组，下设采购工作领导小组办公室，设在采购与招标办公室。计划财务处下设处领导、综合管理科、计划管理科、会计核算科、资金管理科，财务处一名副处长兼任采购与招标办公室主任，直接负责管理采购与招标办公室。采购与招标办公室下设采购科、综合科，采购科设1名科长，5名科员负责日常的工程、物资采购。综合科设科长1名、监督岗位1名，负责处内监督等相关工作，共有人员9人，其中具有高级职称职务的4人，具有政府采购经历的5年以下1人，其余人员均在5年以上。增加了从事工程招投标工作的岗位和专业技术人员，有学习经济专业的，有学习法律专业的，也有专业技术干部，队伍专业结构合理、相对稳定，适应招标采购工作需要。

三、采购与招标办公室岗位职责

（一）招标办主任职责

（1）负责贯彻执行国家、重庆市、学校的招标采购方针、政策、法规、制度；

（2）主持办公室全面工作，统筹协调采购工作中的有关事项；

（3）负责提出学校招标采购工作的发展规划建议和年度工作计划，拟定工作要点；

（4）建立健全规章制度，提升采购工作制度化及规范化水平；

（5）制定部门年度计划和工作要点；

（6）贯彻落实学校采购工作领导小组的决策；

（7）参与学校重大项目前期的立项论证；

（8）负责主持招标采购工作内控建设，参与学校内控建设；

（9）拟定考核指标体系；

（10）撰写工作总结和各级检查汇报材料；

（11）主持重大招标采购项目的文件会审，参与重大招标采购项目的合同会审；

（12）建立完善采购管理三级复核制度；

（13）督促检查部门日常工作，负责协调部门之间采购项目合同签订和履行中的争议解决；

（14）负责一般项目中标通知书的签发；

（15）负责组织对校内二级单位采购工作的业务指导和采购人员的业务培训，做好政策指导和宣传；

（16）负责采购信息化建设工作，负责学校招标代理机构、校内评审专家库等招标采购工作服务机构及供应商库的组建，建立动态管理机制；

（17）监督检查学校招标信息网、招标采购网上申报系统、询价采购系统管理和使用，组织对招标代理机构、标底（限价）编审单位、评审专家等的日常考核管理；

（18）配合财务部门做好学校招标采购预算和计划；

（19）负责本部门队伍建设、党风廉政建设和安全稳定工作；

（20）开展调查研究，提高采购工作质量和效率；

（21）负责主持招标采购项目的质疑投诉处理；

（22）完成采购工作领导小组交办的其他工作。

（二）采购管理岗职责（含电子交易平台）

（1）负责贯彻执行国家、重庆市、学校的招标采购方针、政策、法规、制度；

（2）负责拟定学校采购管理的各项规章制度；

（3）负责提出学校招标采购工作的发展规划建议和年度工作计划，草拟工作要点；

（4）落实学校招标采购工作年度工作要点的措施；

（5）配合财务部门编制年度采购预算和采购计划；

（6）参与学校内控建设；

（7）负责拟定学校采购管理的工作业务流程；

（8）结合学校实际，完善学校招标采购统一规范的合同文本；

（9）根据管理规定，制定内部相关业务流程表格；

（10）开展对各类招标采购的调研，撰写调研报告；

（11）参与招标采购项目的前期论证，提出采购建议；

（12）负责进口产品、单一来源的申报材料的审查和报批工作；

（13）负责根据学校各二级部门的申报计划，初审采购计划；

（14）对受理的招标采购项目相关申报手续及采购实施方案进行复核；

（15）统筹全校采购项目，按照政策法规提出采购方式建议；

（16）负责采购科日常事务的管理工作，分配采购工作任务；

（17）负责初审招标文件，组织招标文件会审、招标文件校内讨论会；

（18）安排招标采购项目开标评标的时间地点，评标专家的组成；

（19）负责审核拟挂网公告的招标文件；

（20）办理中标通知书事项的审查；

（21）安排中标结果公告；

（22）参与合同会审会签，对合同核心条款进行复核；

（23）负责学校政府采购合同的登录上报备案；

（24）负责做好招标采购工作会议记录，撰写会议纪要；

（25）组织采购工作相关专题培训；

（26）负责联系学校各二级单位跟踪督促项目进展；

（27）负责部门的信息化工作的日常运行维护和管理；

（28）提出科室调研学习工作计划；

（29）负责指导完成学校院处级自主采购制度建设；

（30）负责完成招标采购项目的信息统计及相关上报工作；

（31）对招标采购项目分类建立台账；

（32）负责与重庆市教委、财政局、建委等相关部门对业务的沟通协调；

（33）负责对接招标代理机构；

（34）拟定考核指标体系；

（35）撰写各级检查汇报材料；

（36）完成采购工作领导小组办公室安排的工作；

（37）完成领导安排的其他任务。

（三）立项审核岗职责

（1）负责宣传贯彻执行国家、重庆市、学校的招标采购方针、政策、法规、制度；

（2）参与学校招标采购的内控建设；

（3）负责解答全校师生采购项目政策及流程的咨询；

（4）参与草拟本岗位所涉的管理制度；

（5）负责起草本岗位须报送的相关公函、通知、报告等；

（6）梳理并编写本岗位相关工作流程；

（7）依据法律法规和岗位职责，提出采购管理制度修改意见或建议；

（8）指导申购单位填报采购计划；

（9）对采购项目的申报手续的完整性和采购实施方案的可行性进行审查并提出修改意见；

（10）必要时组织专家对招标实施方案进行论证；

（11）审核采购项目申报流程的规范性、完整性；

（12）负责采购项目的合法性、合规性、符合性审核；

（13）负责采购项目的技术参数的合理性与规范性审核；

（14）对申报项目的预算进行初步调研，提出招标采购限价建议；

（15）负责审核各单位非通用实验仪器设备等自主采购计划；

（16）参与编制或完善零星采购项目合同模板；

（17）拟定项目立项受理审核条件；

（18）对受理的招标采购项目进行汇总统计、分析及上报；

（19）对受理的招标采购项目进行跟踪、督促采购办结；

（20）协调申购单位和采购招标经办人员之间的衔接，反馈采购进展信息；

（21）负责建立、管理供应商库；

（22）做好供应商的咨询服务工作；

（23）参与编制采购申请格式文件；

（24）参与修订或审核政府采购合同；

（25）参与招标文件的合法性审查；

（26）参与部分现场采购及单一来源采购项目的调研或商务谈判工作；

（27）配合资料管理员进行档案资料的复印、打印、扫描；

（28）研究、收集、整理采购工作最新动向及学校招标工作动态，为领导决策提供建议；

（29）参与考核评价指标体系的建立；

（30）协助科长完成上级部门及领导交办的其他任务。

（四）工程招投标岗职责

（1）学习贯彻宣传党和国家关于招标采购相关工作的法律法规和政策；

（2）起草工程招标制度，编制工程招标流程；

（3）开展专题调研，撰写专项调研报告；

（4）协助科长制定学校和本部门工作发展规划、计划、规章制度；

（5）参与学校招标采购工作的内控建设；

（6）参与工程招标项目采购立项论证工作；

（7）负责审查项目提交的工程类《采购申请表》及其附件的合理性和完整性；

（8）提出招标方式建议；

（9）负责拟订招标工作进展实施计划；

（10）规范使用工程招标代理机构库，负责与招标代理等中介机构的联系接洽工作；

（11）负责接收相关部门提供预算资料、工程量清单及编制报告；

（12）组织对工程招标项目限价审核单位抽取工作；

（13）负责协调相关部门完成清单及限价审核编制工作；

（14）梳理清单及限价审核编制过程可能导致超造价预算的风险因素，对招标范围的完整性、组价计价的合理性、计价原则制定的规范性、工程量的合理性等提出防范建议；

（15）运用造价软件，审核限价审核单位推荐的评标清单，提出评标清单的建议；

(16) 组织招标文件编制，做好前期上级业务主管部门的政策咨询沟通和落实；

(17) 准备工程招标文件会议资料，参与工程招标文件会审，审核招标文件相关条款，提出建议；

(18) 准备所有的公开招标项目招标文件的挂网（备案、报件、四方表等）资料，并进行初审，完成校内手续的办理；

(19) 跟踪项目招标文件的审批进度；

(20) 对校外招标项目，应对代理公司提供的挂网资料（工程招标公告等）进行初审，负责校内相关手续的办理，对校内招标项目，负责初审工程招标公告或投标邀请函，负责各投标单位报名登记工作；

(21) 组织投标单位现场勘查；

(22) 负责组织补遗和澄清的初审，完成校内手续的办理；

(23) 负责组织投标质疑投诉的回复，配合相关部门处理投诉事宜；

(24) 对于校外招标项目，开标当天，和业主代表、纪委老师在重庆市建委专家库中随机抽取相关专业的专家，对校内招标项目，应向抽取专家的老师提出专业要求；

(25) 校外招标项目：组织用户单位列席招标会议；校内招标项目：负责组织开标工作，包括前期准备工作，密封性检查、投标商签字确认、开标记录、相关评标资料准备及打印工作，负责招标过程中的生活服务工作；

(26) 协助主管领导做好评标工作；

(27) 及时统计、汇总并分析招标数据，在招标过程中及时向相关部门和领导沟通，配合部门统计；

(28) 办理中标后相关手续（中标公告、中标通知书、备案、投标保证金退款等资料的）的初步审查和盖章；

(29) 跟踪挂网资料的挂网情况，及时收集挂网资料；

(30) 参与工程项目合同会审，跟踪合同签订；

(31) 负责项目过程资料（含评标报告、招标资料等）的收集整理，负责资料的借阅、登记、流转工作；

(32) 负责向工程建设管理部门移交档案资料；

(33) 监督检查招标采购文件、合同的执行情况；

(34) 妥善保管和严格使用工程电子招投标加密锁；

(35) 负责工程广联达软件的管理和使用；

(36) 提供招标政策的咨询服务工作；

(37) 联系涉及工程招标工作的相关部门、中介机构和政府机构，做好协调工作；

（38）参加部门组织的工程招投标相关会议，做好会议记录，撰写招标采购纪要；

（39）掌握、整理采购工作最新动向及学校招标工作动态，为部门决策提供参考；

（40）及时将项目招标文件的审批进度向相关部门汇报；

（41）深入二级部门开展招标及采购政策指导；

（42）完成领导交办的其他工作。

（五）综合管理岗（综合科科长）职责

（1）负责宣传贯彻执行国家、重庆市、学校的招标采购方针、政策、法规、制度；

（2）汇总梳理部门招标采购工作，草拟部门工作总结；

（3）根据国家、重庆市政府以及学校有关政策法规，协助领导制定部门管理的各项规章制度及工作流程；

（4）草拟本科室、本岗位相关的规章制度和工作流程；

（5）参与学校招标采购的内控建设；

（6）贯彻落实学校采购工作领导小组的决策，参与协调解决招标工作中的重大事项；

（7）研究、收集、整理采购工作最新动向及学校招标工作动态，为领导决策提供建议；

（8）牵头协调综合科日常管理工作，充分发挥综合科的协调、管理职能；

（9）负责学校“三会一要”中关于招标采购工作推进情况的材料草拟和上报工作；

（10）负责部门印章、票据的管理和使用；

（11）负责部门经费预算的编制、材料的草拟和上报工作；

（12）协助领导组织召开部门工作例会，拟定议题、准备议题相关资料；

（13）做好部门工作例会会务及会议记录；

（14）撰写部门工作例会纪要；

（15）负责统一汇编部门会议纪要；

（16）拟定培训计划，编制招标采购政策培训方案；

（17）协助领导开展对二级单位招标采购工作情况的年度考核；

（18）协助领导开展党风廉政教育，负责材料的报送工作；

（19）组织协调迎接学校考核单位检查年度考核相关工作，按要求提供相应资料；

（20）组织协调部门重要会议及重大活动，负责会场会务保障工作；

（21）起草、发布本岗位有关的文件、公函、通知等；

（22）查询并依法收取投标单位的投标保证金；

（23）依法开具投标单位的投标保证金资金往来结算票据；

（24）负责投标单位投标保证金的入账，审核投标单位保证金退款信息，依法依规退还投标保证金；

（25）审查中标单位质保期内质保履行情况，指导填报质保金支付申请材料，依法依规支付采购项目质保金；

（26）依法受理校内招标采购项目的投标报名工作，负责审核投标单位报名资格；

（27）依法收取投标单位的标书费，开具标书费增值税发票；

（28）维护增值税发票税控开票系统，定期进行数据统计，抄报和上报标书费增值税发票；

（29）负责标书费结算工作；

（30）督促催办共建项目、重大项目、财政专项资金项目的执行进度及付款工作；

（31）负责与重庆市教委、重庆市财政局等上级主管部门的联系、协调工作；

（32）负责部门网站建设和维护管理工作；

（33）承担部门重要活动、重要工作等的宣传报道工作，撰写部门新闻报道；

（34）统计整理部门年鉴需要的数据和信息，撰写部门年鉴；

（35）汇编国家、重庆市及学校招标采购工作制度、学习文件、工作计划和总结等年度宣传资料；

（36）印制、发放二级单位关于国家、重庆市及学校招标采购工作制度、学习文件等宣传资料；

（37）按照《中华人民共和国档案法》和《中华人民共和国保密法》规定，做好部门文件的收发、归档和文件传阅等工作；

（38）负责部门值班、加班统计，负责重大节、假日值班安排管理工作；

（39）负责部门资产清查、资产报废处理，建立部门资产台账；

（40）负责部门思想舆情、意识形态等信息的收集、材料的草拟和上报工作；

（41）负责部门安全安稳信息每日“零报告”上报工作；

（42）负责部门安全稳定专项排查、安全稳定教育、专题会议纪要等材料的草拟和上报工作；

（43）负责统计报送学校各二级单位（部门）要求的各类通知材料；

（44）负责二级单位有关采购工作的政策宣传和咨询服务；

（45）负责部门日常办公开支报销事务；

（46）完成上级部门及领导交办的其他工作。

四、政府采购管理流程

（一）采购需求论证流程

采购需求论证流程如图 8-1 所示。

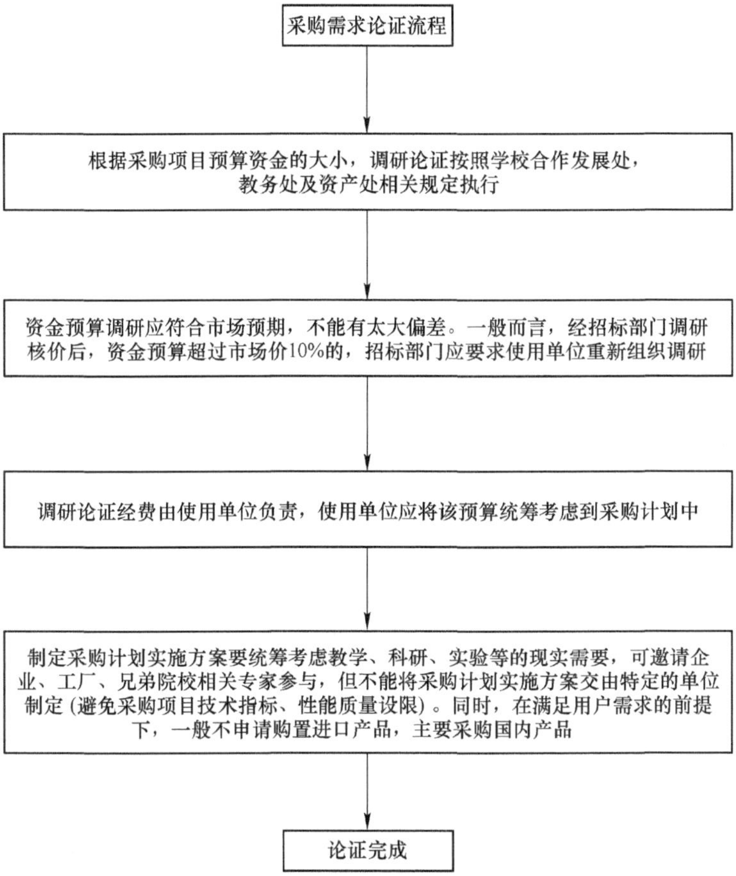

图 8-1　采购需求论证流程

（二）年度政府采购实施计划申报及审批流程

年度政府采购实施计划申报及审批流程如图 8-2 所示。

（三）采购方式变更申请及审批流程

采购方式变更申请及审批流程如图 8-3 所示。

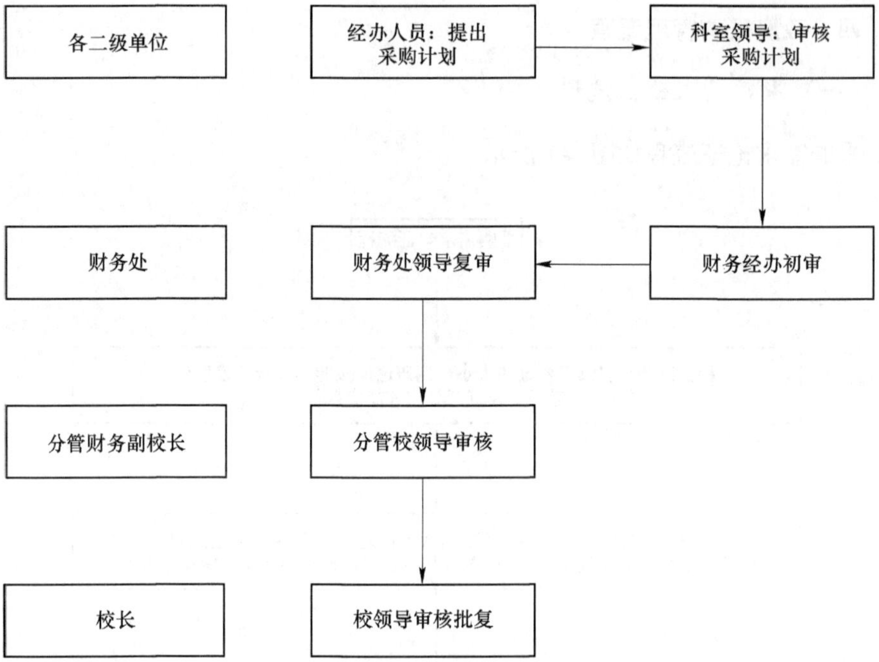

图 8-2 年度政府采购实施计划申报及审批流程

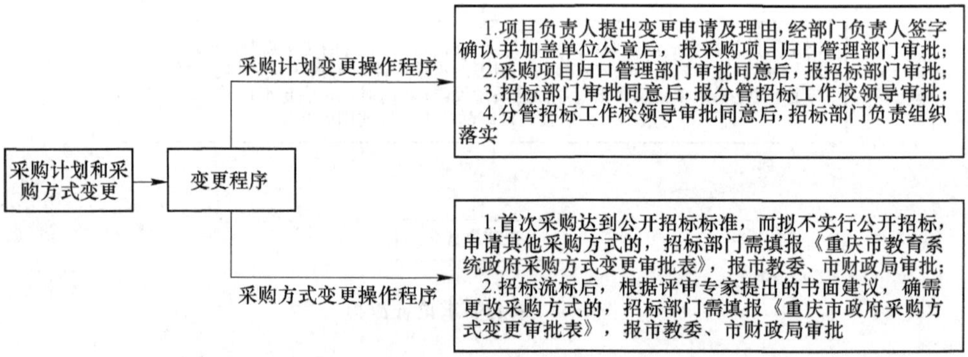

图 8-3 采购方式变更申请及审批流程

（四）采购申请及审批流程

采购申请及审批流程如图 8-4 所示。

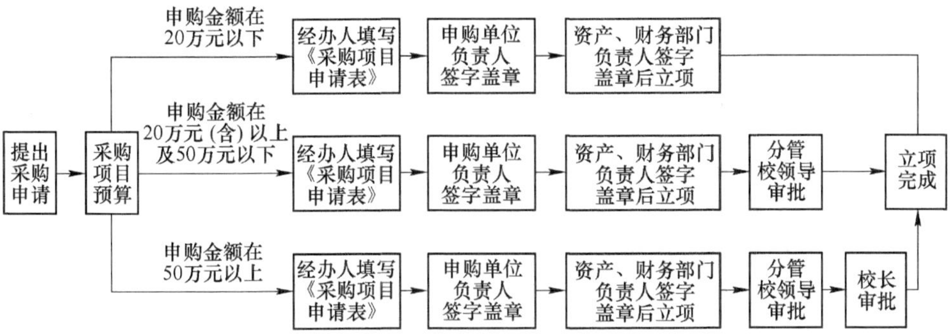

图 8-4　采购申请及审批流程

(五) 公开招标流程

公开招标流程如图 8-5 所示。

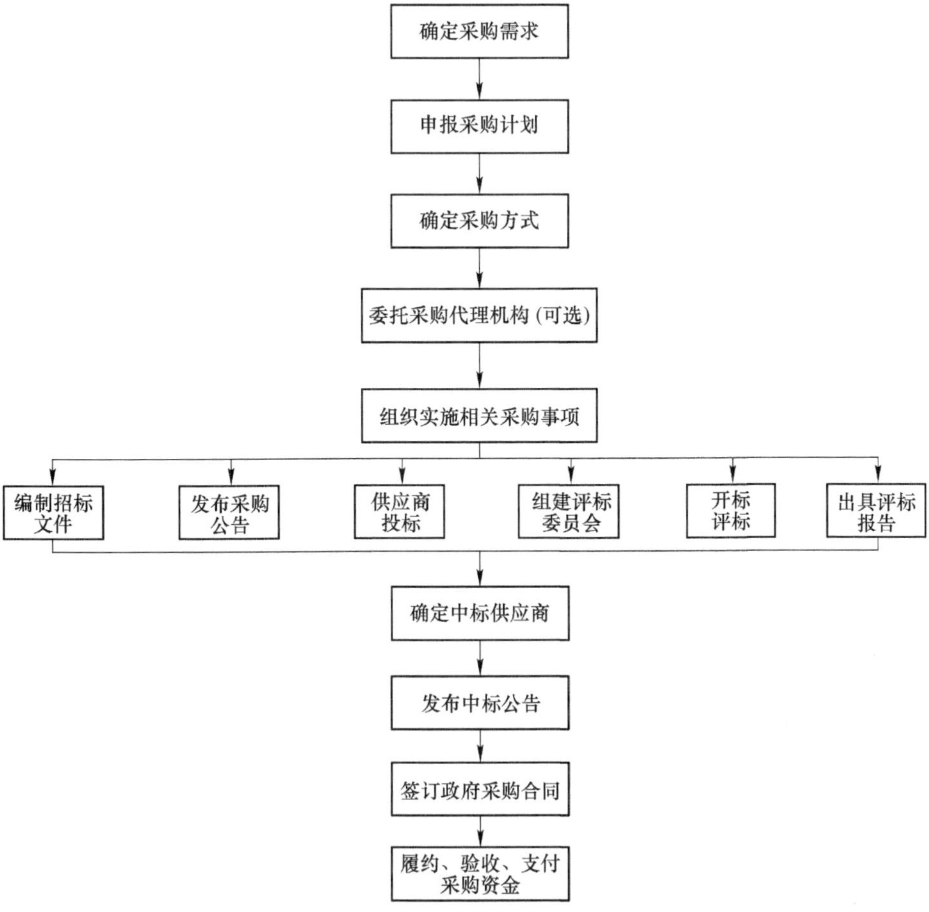

图 8-5　公开招标流程

（六）邀请招标流程

邀请招标流程如图 8-6 所示。

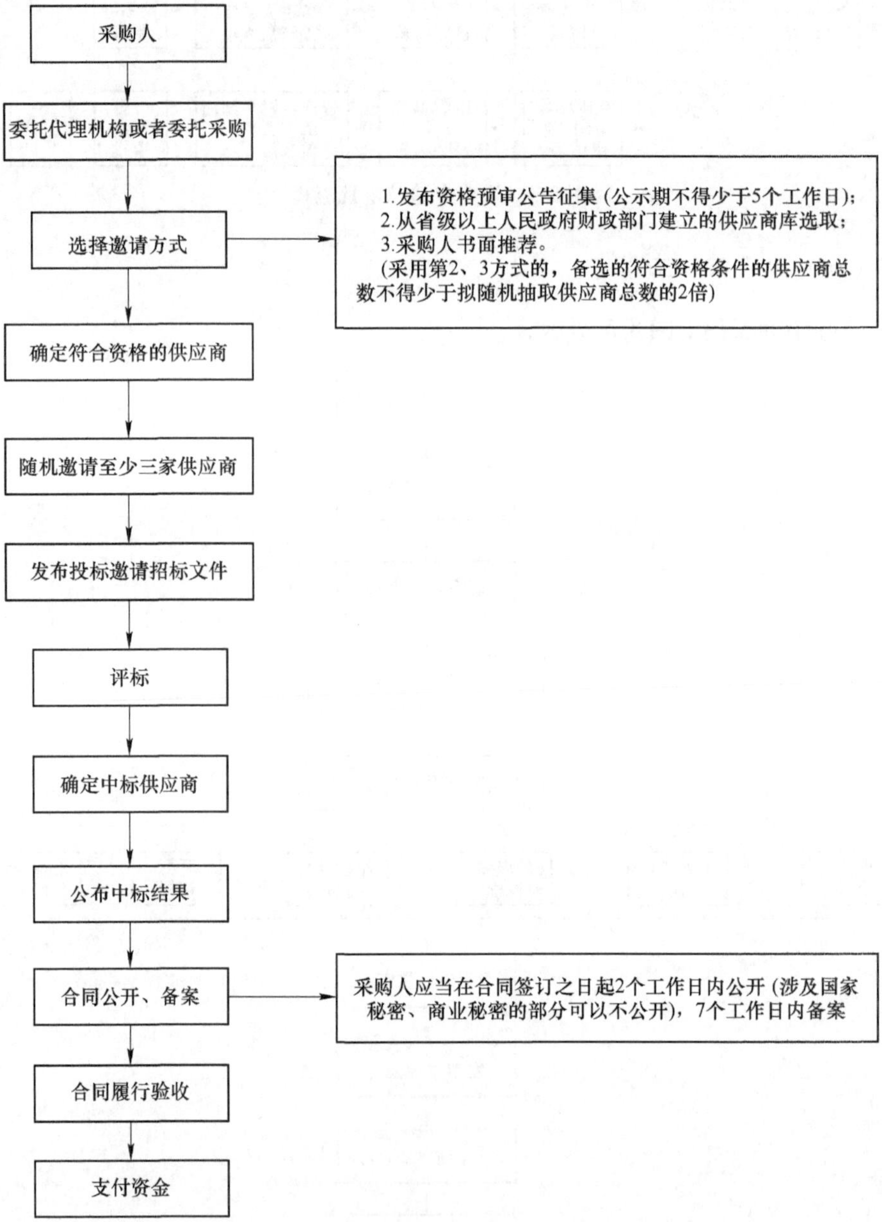

图 8-6　邀请招标流程

（七）竞争性谈判采购流程

竞争性谈判采购流程如图 8-7 所示。

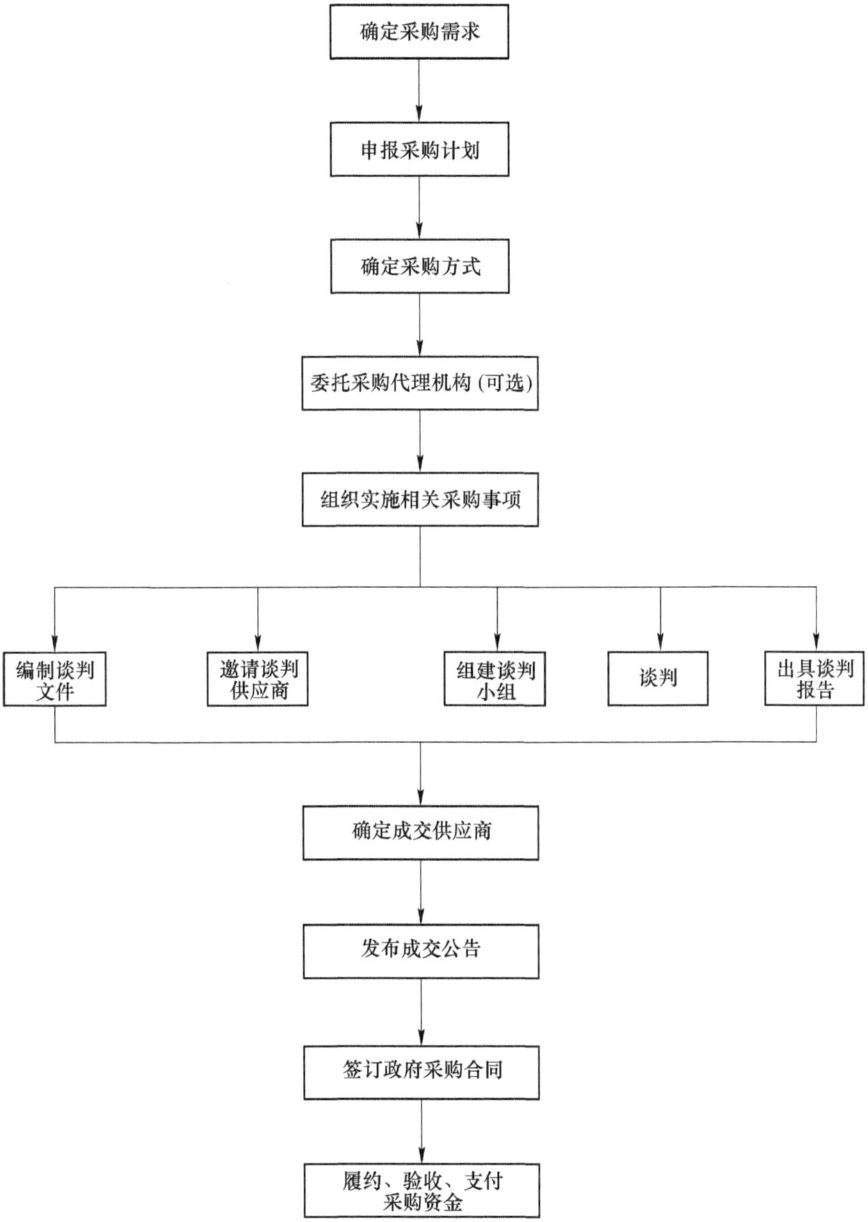

图 8-7　竞争性谈判采购流程

（八）单一来源采购流程

单一来源采购流程如图 8-8 所示。

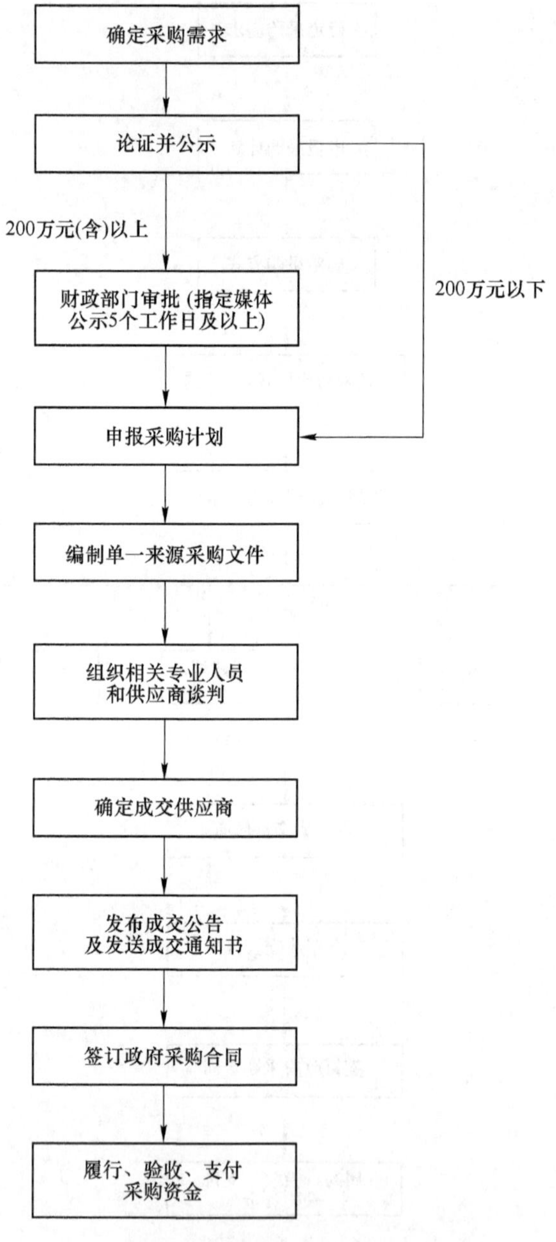

图 8-8　单一来源采购流程

（九）询价采购流程

询价采购流程如图 8-9 所示。

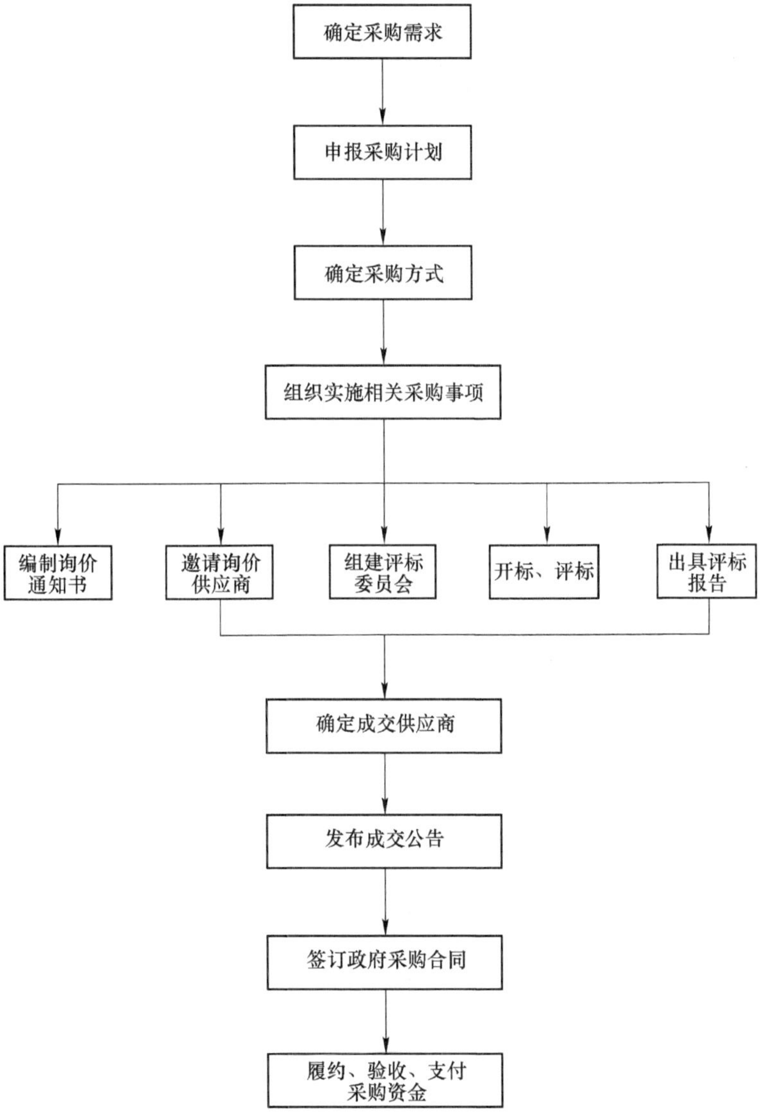

图 8-9　询价采购流程

（十）竞争性磋商采购流程

竞争性磋商采购流程如图 8-10 所示。

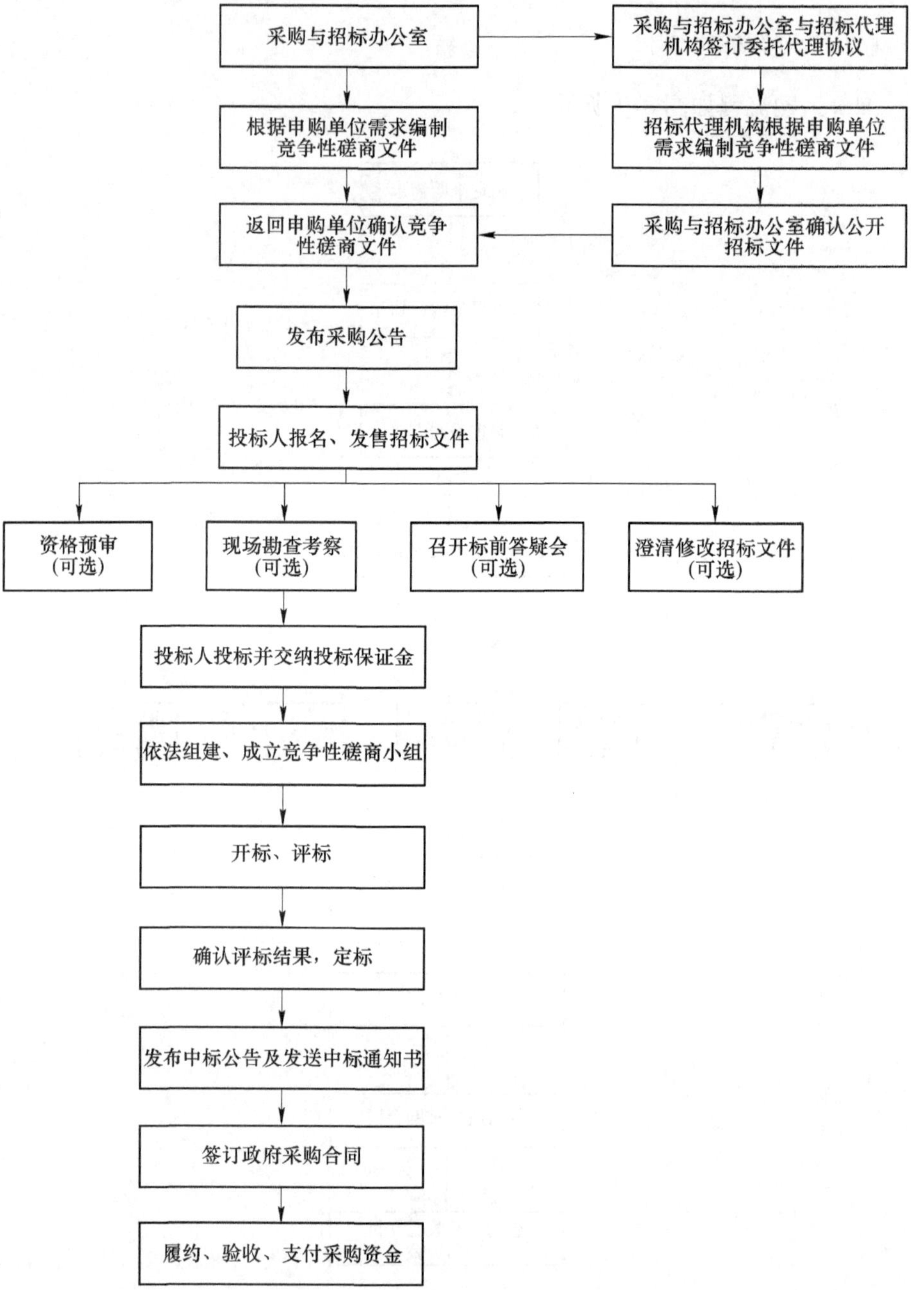

图 8-10　竞争性磋商采购流程

（十一）进口产品政府采购流程

进口产品政府采购流程如图 8-11 所示。

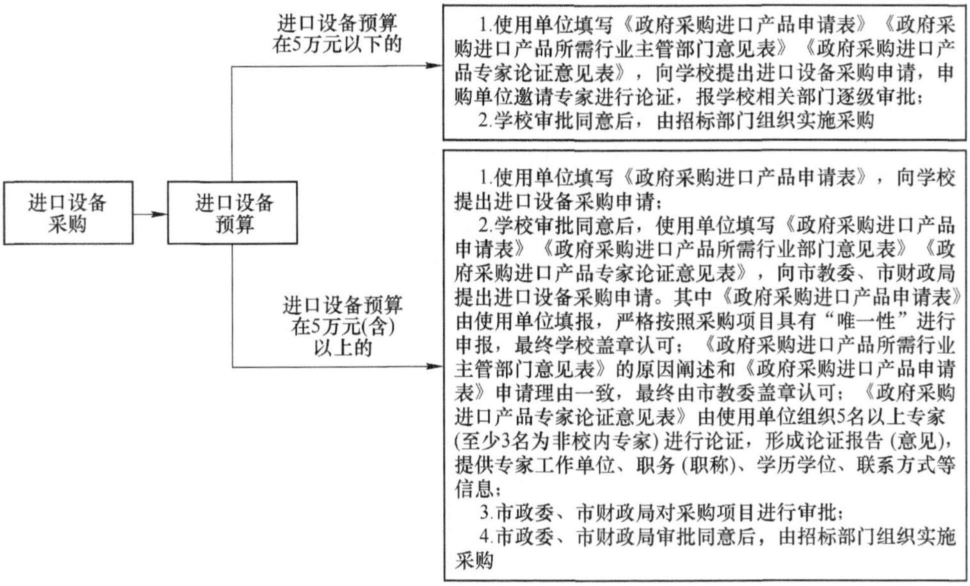

图 8-11　进口产品政府采购流程

（十二）采购项目履约验收与结算流程

采购项目履约验收与结算流程如图 8-12 所示。

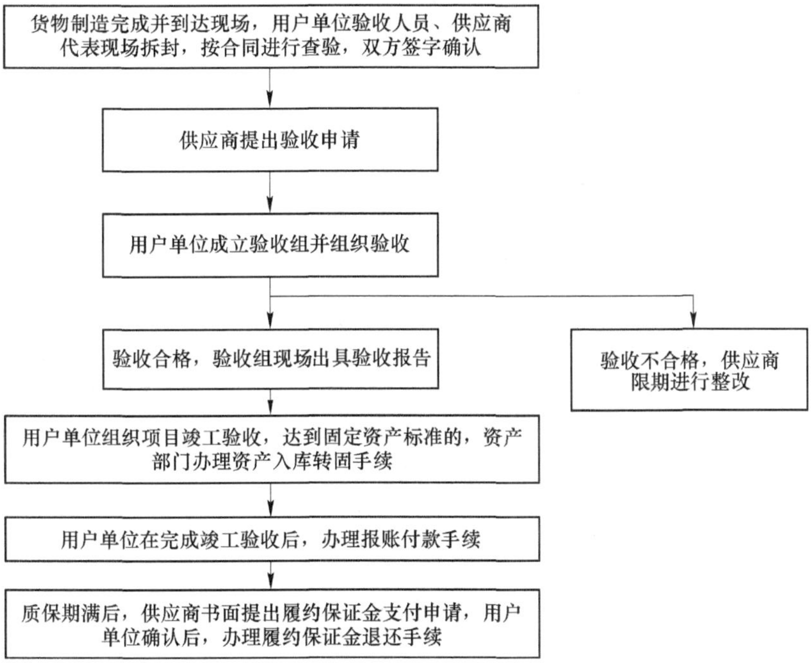

图 8-12　采购项目履约验收与结算流程

（十三）采购质疑与投诉处理流程

1. 采购代理

对采购代理机构质疑与投诉处理流程如图 8-13 所示。

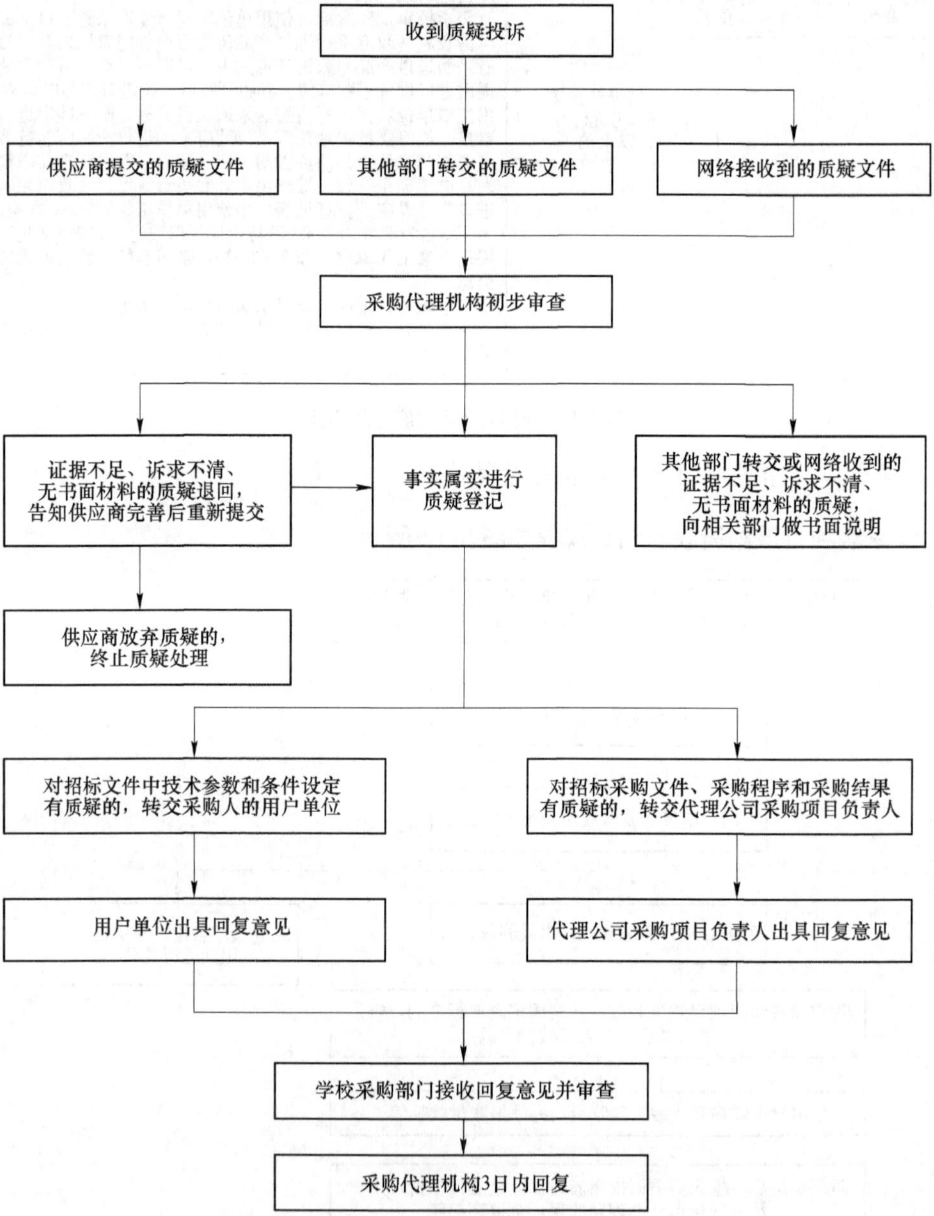

图 8-13　对采购代理机构质疑与投诉处理流程

2. 采购人

对采购人质疑与投诉处理流程如图 8-14 所示。

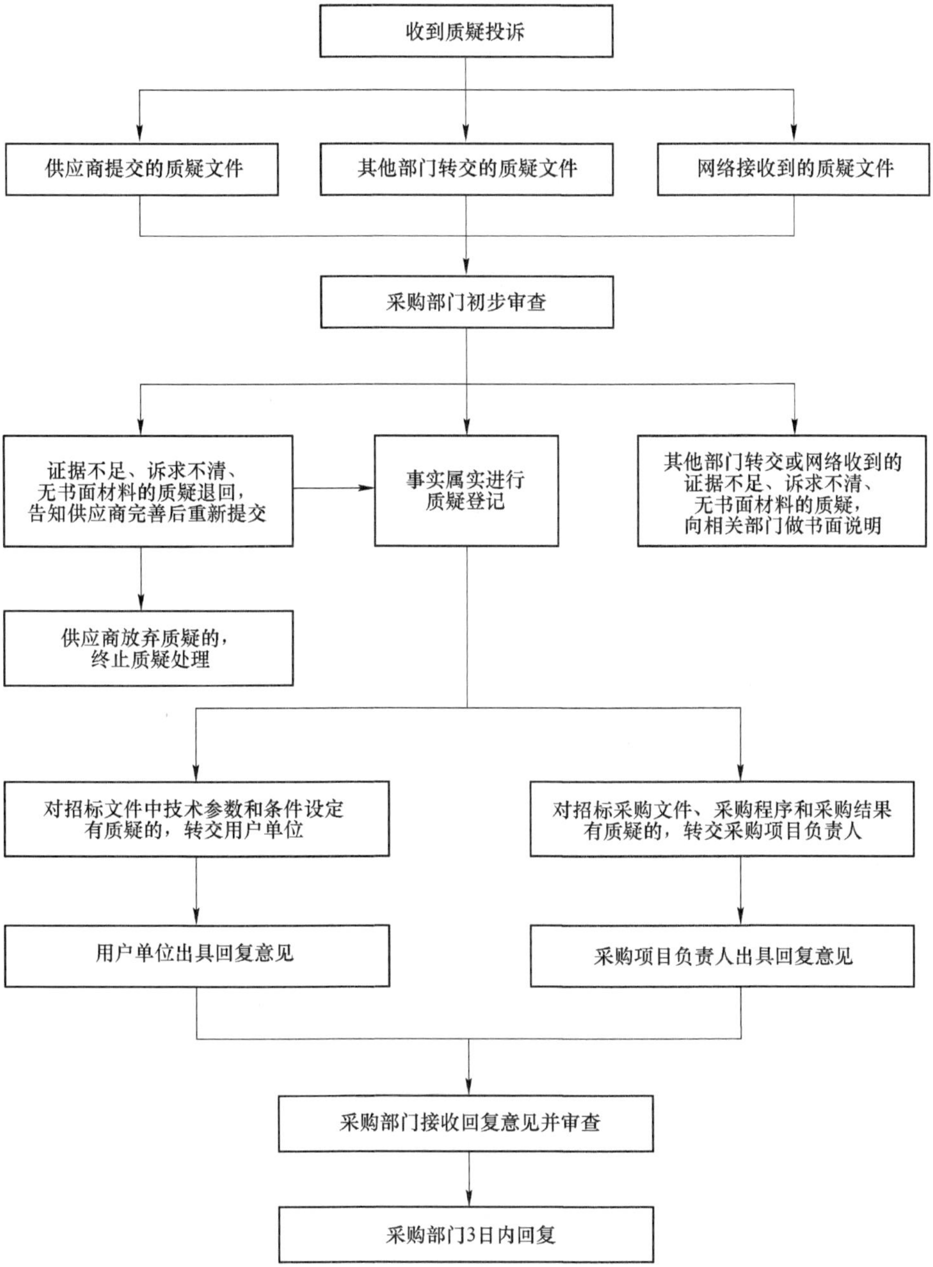

图 8-14　对采购人质疑与投诉处理流程

（十四）档案管理业务流程

采购项目档案管理业务流程如图 8-15 所示。

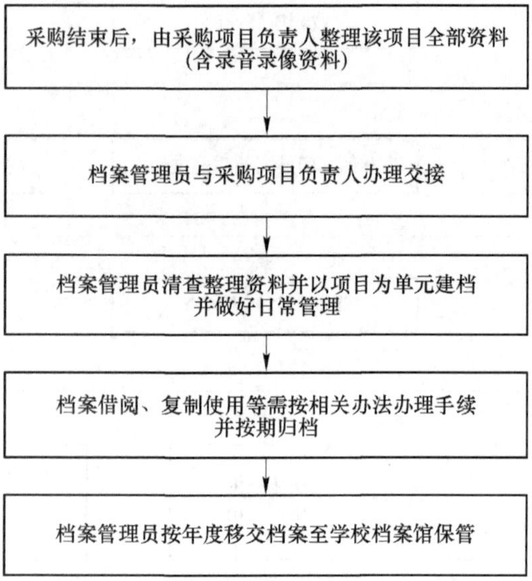

图 8-15　采购项目档案管理流程

（十五）供应商供货延期处理流程

供应商供货延期处理流程如图 8-16 所示。

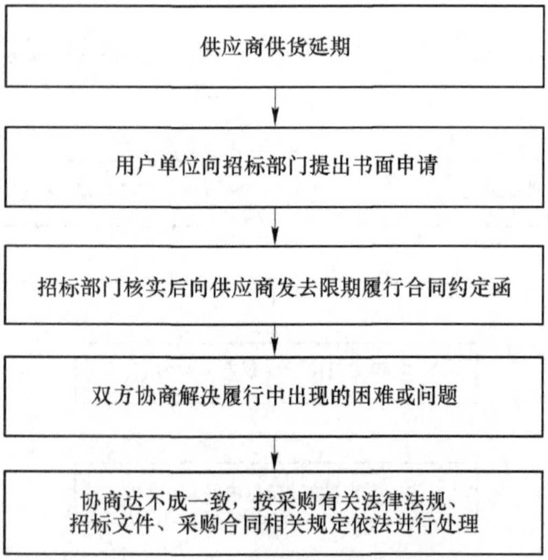

图 8-16　供应商供货延期处理流程

（十六）采购合同会审流程

采购合同会审流程如图 8-17 所示。

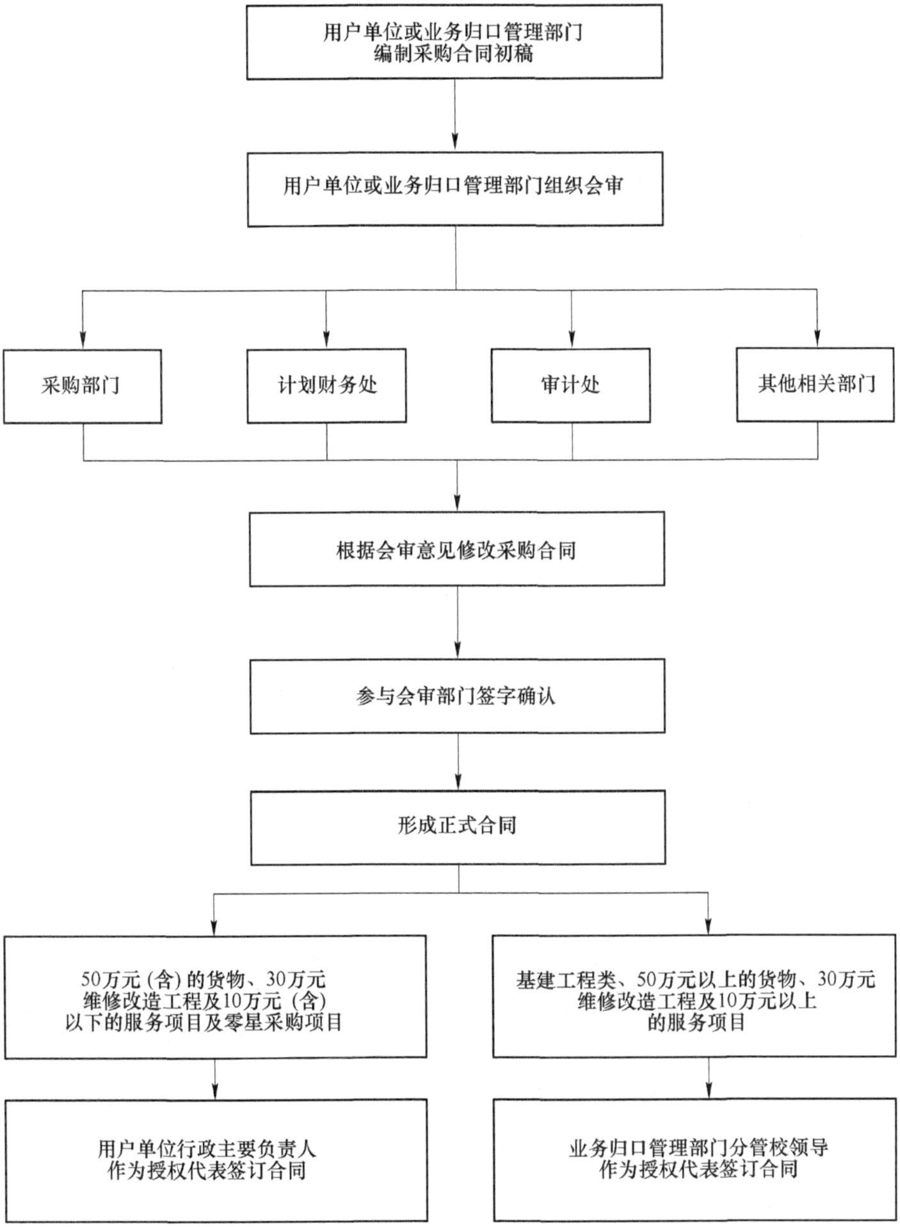

图 8-17　采购合同会审流程

（十七）评审专家抽取原则及劳酬费发放流程

评审专家抽取原则及劳酬费发放流程如图 8-18 所示。

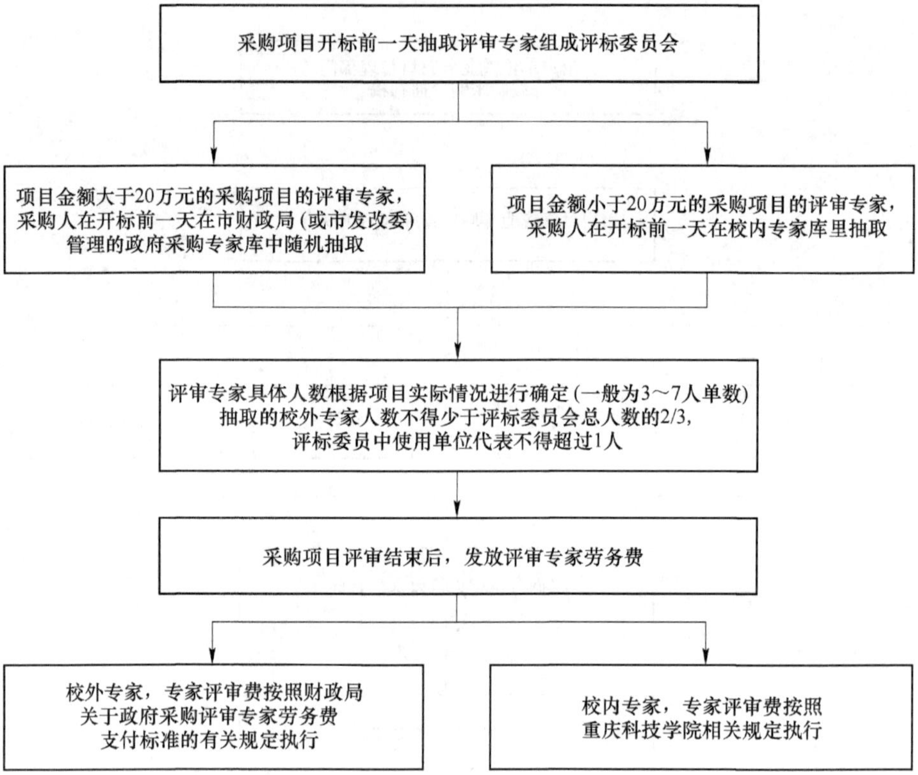

图 8-18　评审专家抽取原则及劳酬费发放流程

（十八）责任追究流程

责任追究流程如图 8-19 所示。

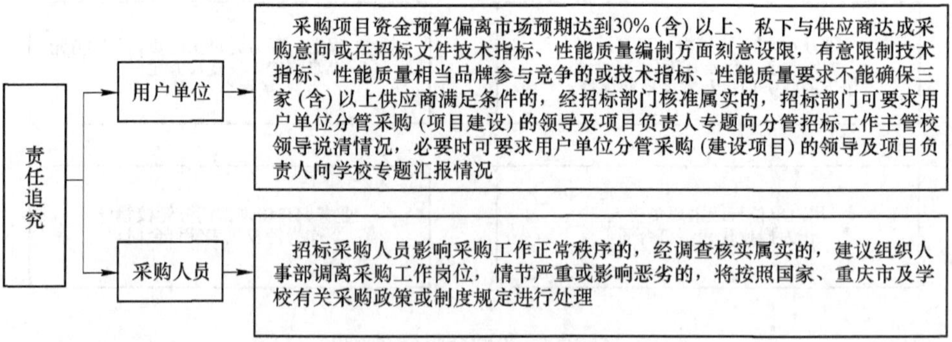

图 8-19　责任追究流程

（十九）招标文件会审流程

招标文件会审流程如图 8-20 所示。

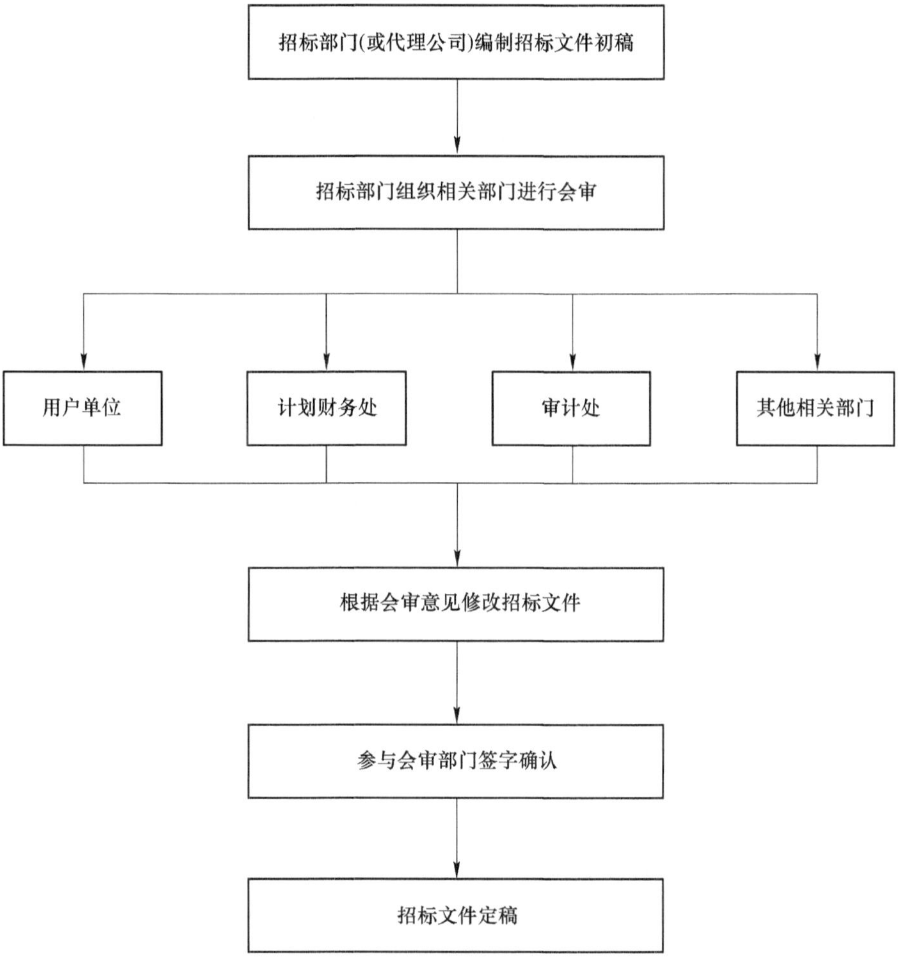

图 8-20　招标文件会审流程

（二十）保证金收取和退还流程

1. 履约保证金收取和退还流程

履约保证金收取和退还流程如图 8-21 所示。

2. 投标保证金收取和退还流程

投标保证金收取和退还流程如图 8-22 所示。

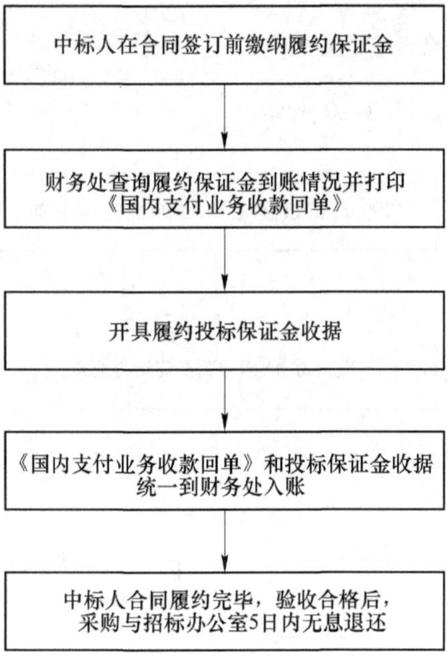

图 8-21 履约保证金收取和退还流程

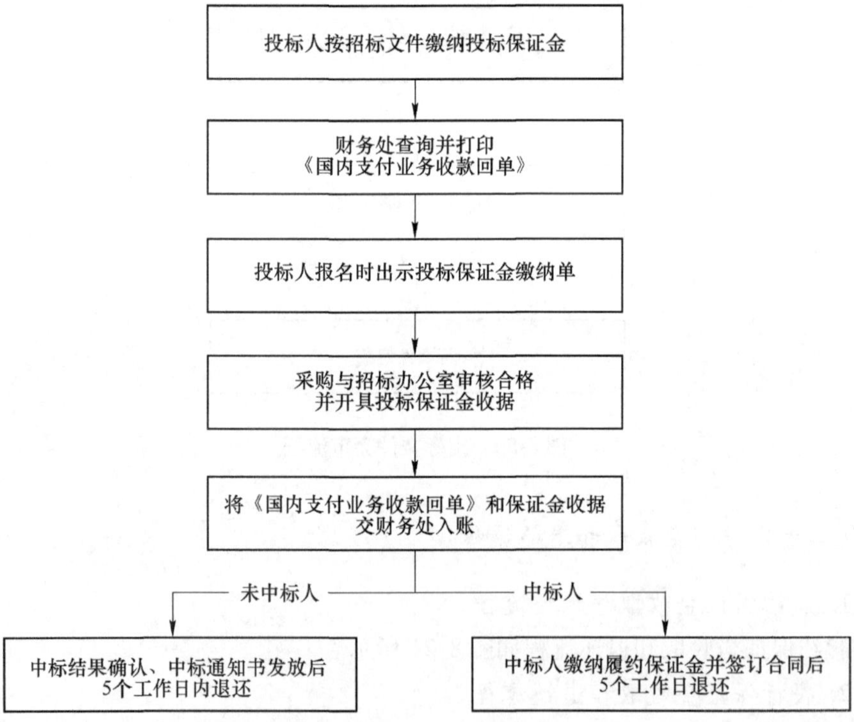

图 8-22 投标保证金收取和退还流程

（二十一）部门印章使用流程

部门印章使用流程如图 8-23 所示。

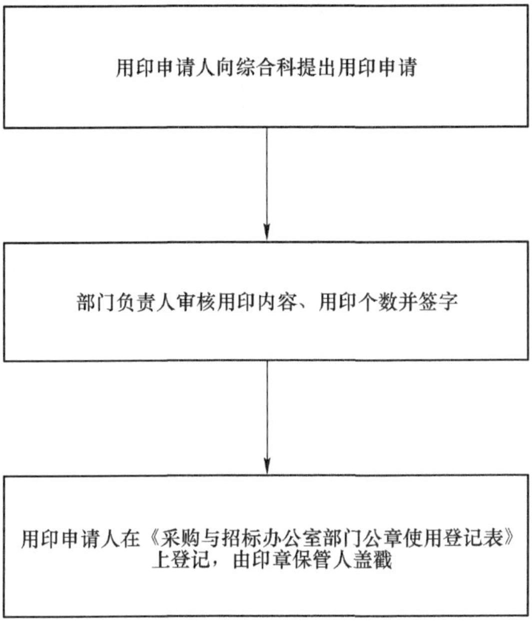

图 8-23 部门印章使用流程

（二十二）工程项目公开招标流程

工程项目公开招标流程如图 8-24 所示。

（二十三）工程项目邀请招标流程

工程项目邀请招标流程如图 8-25 所示。

（二十四）工程项目招标校内抽取服务机构流程

工程项目招标校内抽取服务机构流程如图 8-26 所示。

（二十五）工程项目招标校外抽取服务机构流程

工程项目招标校外抽取服务机构流程如图 8-27 所示。

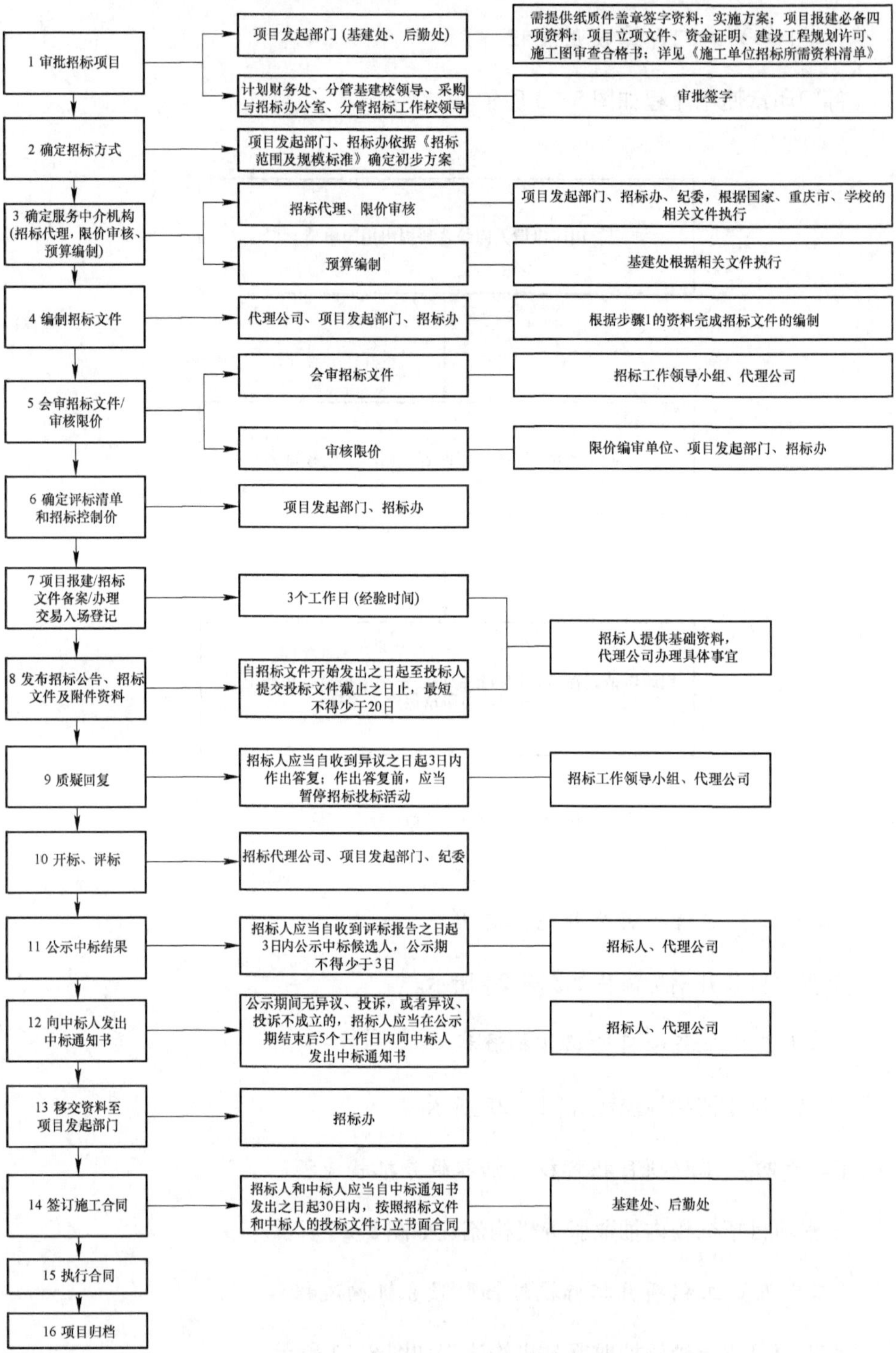

图 8-24　工程项目公开招标流程

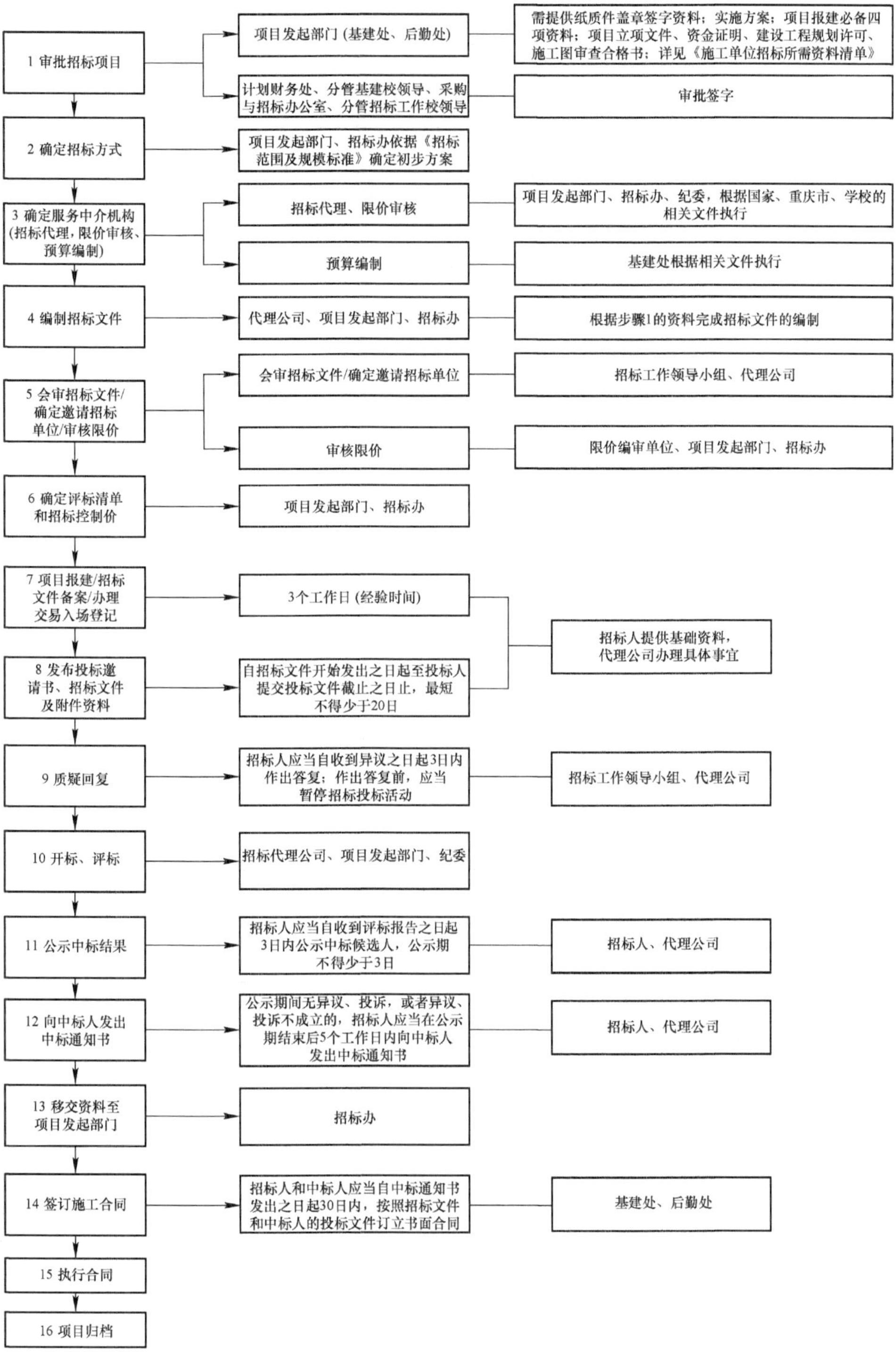

图 8-25　工程项目邀请招标流程

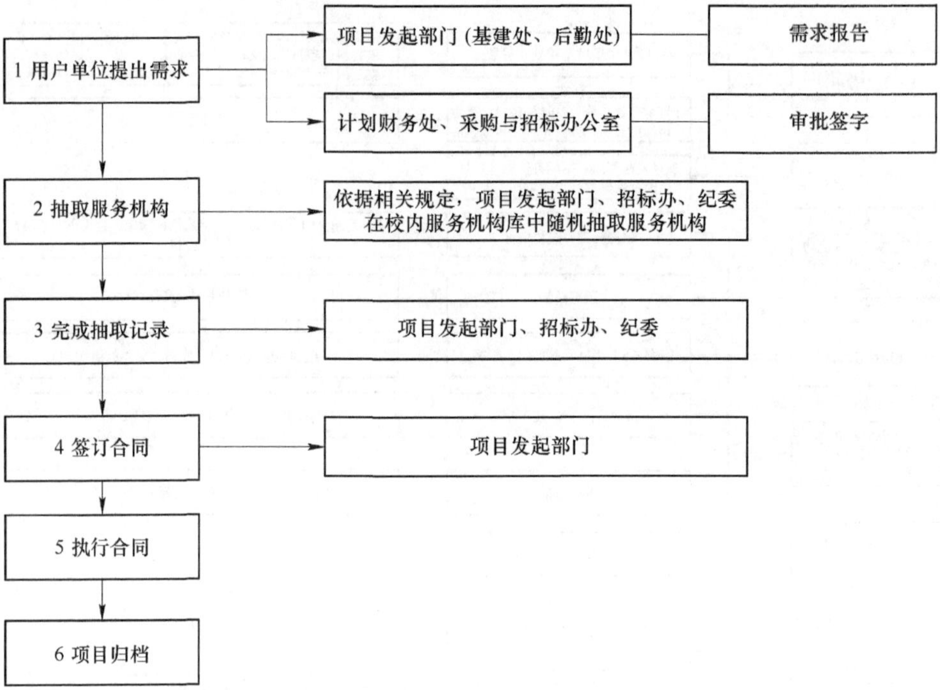

图 8-26　工程项目招标校内抽取服务机构流程

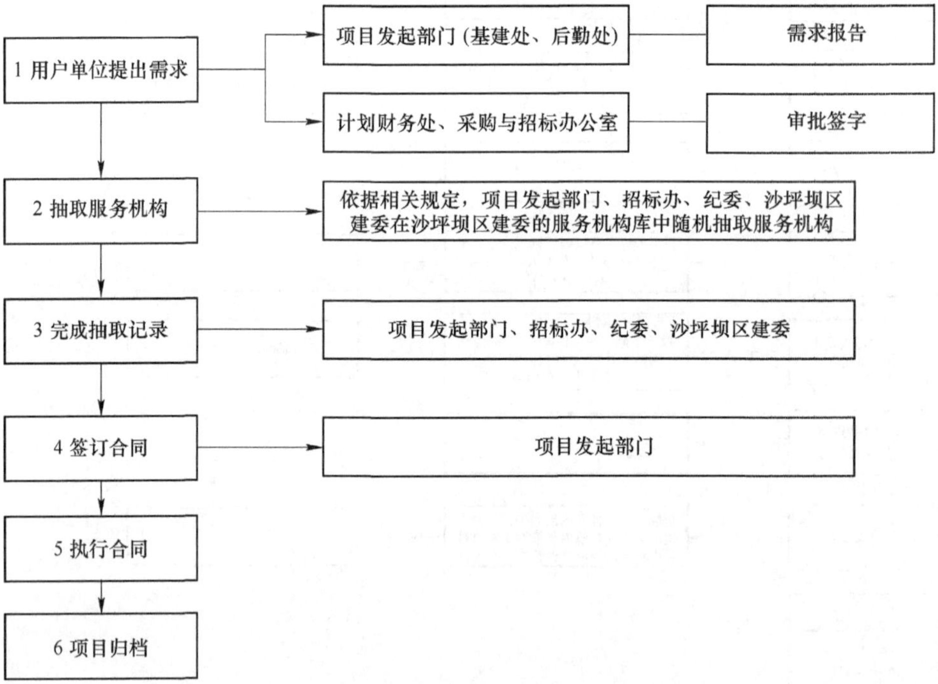

图 8-27　工程项目招标校外抽取服务机构流程

第三节　政府采购流程及内控整体评价

一、政府采购流程

政府采购流程如下：

（1）编制采购申请。为了防止采购需求可能不具有可行性的风险，出现采购的物资无法满足需求等情况，明确规定使用部门在提出采购申请时，必须详细说明采购物资的数量、规格、实施时间、地点等主要内容。如果是专业性较强的设备，还必须载明相应的技术参数；并且规定采购部门对采购需求的可行性进行评估后方可进行相应的采购，使得采购的物资更具有针对性，提高采购的效率。

（2）确定采购方式。为了使采购与招标行为更加规范，保证采购的物资更满足相应需求，提高采购资金的使用效率，促进采购办的廉政建设，维护其整体利益，根据《中华人民共和国政府采购法》《中华人民共和国招标投标法》《中华人民共和国政府采购法实施条例》《中华人民共和国招标投标法实施条例》等相关法律法规规定，结合其自身的实际，采用符合要求的采购方式。主要包括公开招标、邀请招标、竞争性谈判、竞争性磋商、单一来源采购、询价和协议供货采购等。其中竞争性谈判所占比重最高，这表示根据自身采购特点灵活选择了适当的采购方式；并且竞争性谈判可以在一定程度上缩短采购准备期，使采购的物资能够更快地发挥作用；还在一定程度上省去了不必要的相关手续，使工作量得到一定的减少，提高了政府采购的效率，节约了采购成本。

（3）公布采购信息。重庆科技学院建立了专门的招标采购网站发布学校的采购信息、招标公告。在该网站，学校还公布了招标采购科相应的岗位及其职责，并且社会公众及学校教职工可以在该网站获取学校招标采购进度、结果。

（4）组织采购评标组。由于市场的不完全透明，采购物资信息不对称，所以在招标采购活动中可能存在招标人员与投标人员暗中勾结，使得招标信息被泄露进而出现低价中标、供应商隐瞒物资信息或虚高物资价款等情况，进而滋生腐败。学校为了减少此类招标采购风险的发生，明确规定了在政府采购评标环节中必须成立专业的评标组，由学校派出的相应代表以及随机在市财政局抽取的相关专家组成，且规定了人数应该为单数并最好保证在 5 人以上。其中经济、技术等类型的专家应该占到评标组总人数的 2/3 以上；如果采购的项目的专业性强，专家库中没有相应此类特殊专业的评审人员，则应该按照市教委推荐意见报市财政局确认。

（5）采购合同及廉政管理。重庆科技学院依据相关的法律法规的规定，对基建项目、专项维修工程的合同都规定必须由相关业务部门进行牵头办理合同的报批手续，然后招标采购办公室进行相应的会签工作。由于采购部门和供应商之间可能存在沟通不畅，导致对采购物资的一些内容理解存在分歧或者存在供应商私自篡改采购物资相关信息，造成采购资产实质上不具有针对性等风险，为了防止合同签订和履行过程中发生此类风险，还指定了专门的法律人员对采购合同进行相应的分析和管理，以便对可能存在的法律纠纷采取应对措施。另外，为了防止政府采购环节可能出现的违法违规行为，促进党风廉政建设，促进学校管理层在采购环节有效执行监督，推进学校教师良好的师德师风建设，指引与采购活动有关人员的行为朝着良好方向发展，学校每年都会组织相关部门开展廉政检查工作，评估相应部门可能存在的风险。并且，为了防止相关的采购人员因为个人私利而损害学校整体利益，在进行采购合同签订时，学校规定相关人员必须签署廉政承诺书，用法律的手段将采购环节可能存在的风险进行适当的控制，提高采购人员相应的法律风险意识。

（6）验收管理。重庆科技学院规定资产管理处应该对使用部门提交的验收申请进行处理，在收到申请单的规定时间内组织相关单位进行验收，验收无误后填写验收报告。如采购的物资到校后，资产管理部门会通知申请部门和采购部门一起进行现场验收，待双方验收完后再填写有关资产的验收报告。

（7）付款管理。对相关采购活动付款是在相应人员完成采购验收后进行的，财务部门的相关人员根据收到的验收单据和供应商提供的发票等凭证，结合合同条款中关于付款期限的规定，向相关人员足额支付款项。根据采购资金的不同来源，设立了不同的款项付款程序。具体包括：如果采购款项是市财政直接进行的拨付，那么完成相关采购活动的验收后，由采购办向市财政提出付款申请；如果采购款项是市财政授权进行相应付款或者是学校自筹而来，那么在完成相关验收后由采购办向校财务处提出付款请求，校财务处应该在收到相关付款请求后的规定时间内完成审核并付款。另外，对于不符合支付要求的一些采购项目，财务处应该及时告知采购办或使用单位进行相关手续的完善。

（8）档案管理。对采购活动的档案进行适当的记录管理，可以使高校对采购活动有更全面的了解，并且有利于高校对该项采购活动的后续评价，所以高校建立相应的采购档案管理办法是非常有意义的，能够使高校的政府采购活动得到高效率的执行。重庆科技学院制定的采购档案管理办法明确规定了应该将采购活动的全部流程进行相应的记录。另外，该管理办法还要求使用单位应该积极配合采购办对采购物资进行相关的统计和调查，包括采购资产的规格类型、质量的好坏等，并配合填写相应的反馈记录表，加强对供应商的后续管理，为其进行相关的事后管理提供基础性信息。

二、重庆科技学院政府采购内部控制整体评价

重庆科技学院作为一所地方高校，在监管方面，该校设立了审计处、纪委办

公室（监察处）。其中，审计处下设财务审计岗位，明确规定其职责包括对预算、决算和财务收支等方面的审计；对采购管理和固定资产管理的审计；对学校内部控制制度建立、健全及有效性的评审。纪委办公室（监察处）的职责是开展党内监督和行政监察工作；对上级和学校重大决策、决议贯彻执行情况进行监督；对基建、采购、财务、科研经费、学术诚信、招生考试等工作进行监督。该校通过规定审计处、纪委办公室（监察处）的相应职责，使得政府采购活动得到有效的监督，是该校内部控制发挥有效作用不可或缺的一部分。在信息系统方面，该校建立了招标与采购的管理平台，方便各个部门可以通过该平台获得学校采购信息、招标公告及其相应的进度和结果。在采购方式的规定上，该校依据采购的相关法律法规明确了各种采购方式的适用范围以及相应的采购程序，基本上满足了国家法律规章的要求，具有灵活性，可以在一定程度上提高采购效率。在采购流程方面，该校制定了一些控制活动的管理办法，如采购、管理和监督相分离的管理办法，采购合同、验收及款项的管理办法，采购档案管理办法等。在风险评估方面，该校会根据不同的采购项目的特殊要求在事前进行相应的风险分析，然后在招标文件上确定学校的最高限价，并且规定竞标公司应该具备的基础条件和特殊条件。然而，正是因为学校对竞标商的一些特殊规定，导致有些采购项目流标，因为竞标公司不能满足相应的资质而使竞标商数量不足有效竞争数量，影响了学校政府采购的结果。综上，该校内部控制对政府采购活动整体上是有效的，但是也存在着许多问题。如内部控制制度不健全、内部控制不系统、控制方法缺乏有效性等问题，影响了学校政府采购的进度，进而阻碍了学校的发展。

（1）内部控制制度不完善。重庆科技学院建立了采购与招标管理办法，该办法包括了设置预算申报管理、采购招标管理、合同管理、付款、入账、验收等一系列业务流程；并且建立了监察处及审计处的规章制度，明确了监察处及审计处对采购的监督职责，设立了采购科专门进行政府采购，资产管理处对采购的资产进行管理。但是，该校对采购活动相关监督的实施情况没有相应的评价办法，学校审计处也并没有对应的内部控制审计制度来依照执行，造成对采购活动的效果的对应评价和反馈不能得到有效处理，进而造成针对采购的内部控制效果的好坏而进行的改进措施也就无从谈起。并且学校也没规定审计处在对学校内部控制有关情况进行审评后出具内部控制自我评价报告，这也是造成该校内部控制制度不健全的原因。

（2）机构人员设置不合理。为了使采购各个环节的腐败现象得到有效控制，保证采购活动中的各项权利之间能够进行相互约束，高校应该对政府采购进行相应的内部控制。通过对学校政府采购有关部门的组织结构分析可以知道，该高校的招标采购机构是隶属于计划财务处，在一定程度上不具有相应的独立性，不能更好地发挥采购科应有的水平；并且财务处处长直接负责采购科，实质上等于自己监管自己，使得采购验收与监督集于一人，不相容岗位分离的原则没有有效地执行，在一定程度上会影响采购工作的客观公正性。

（3）风险评估机制不健全。每个单位都会面临不同的风险，所以应该加强对潜在风险的识别并制定相应的解决措施，以减少企业的营业风险。

1）招标文件风险。学院根据采购需求编制相应的招标文件，并对采购标的的范围、付款方式、供货周期、投标商资质要求等进行了相应规定。可能存在因为对投标商资质要求过高而具有排他性，进而会引起投标公司数量不达标，最终流标的后果。

2）未设置专门的风险管理机构。重庆科技学院对政府采购活动可能存在的潜在风险没有设立专门的风险部门进行评估，对政府采购活动可能遇到的风险只是依靠监察处、财务部门进行简单的会计监督来控制。虽然会计监督对风险的控制能起一定的作用，但是，会计监督比较机械，只是对相关活动进行会计核算，大多数属于事后分析，会使控制风险的方法失去相应的效果。当学校外部的环境发生变动时，其就会受到相应的影响，甚至因为外部环境的变化而造成不必要的损失。

（4）缺乏有效的控制活动。

1）采购周期长，缺乏效率。重庆科技学院政府采购的周期普遍较长，部分项目的采购历经几次才能完成，这大大降低了采购效率，增加了采购成本，并且造成采购的物资具有滞后性，不能更好地满足需求。

2）预算编制不合理。虽然采购资金基本上在预算范围内，在规定的预算内完成了采购活动，在一定程度上节约了采购成本，这说明在预算控制方面取得了一定效果。但是年预算节约率在10%以内，这在一定程度上说明二级部门预算编制不合理，在编制预算时，没有对可能影响预算变动的因素进行分析，将其考虑进去，所以导致预算具有滞后性、偏高，也会在一定程度上造成预算的不合理利用，增加预算成本。

3）闲置的采购资产缺乏调剂。政府采购是实行的归口管理，各个部门进行采购申请时没有考虑其他部门是否也存在同一物资的需求，是独立进行的，造成各个部门没有形成全局观，进而可能发生重复采购。重复采购不仅浪费了相关采购人员的精力，而且还增加了成本，相关资产也可能被闲置，作用得不到充分的发挥。在政府采购内部控制中，没有对多余资产明确规定相应的处理方法，也没有设立相关部门进行管理、调剂，并且也未明确制定报废资产的处置程序。

4）验收制度执行不力。验收人员必须在对采购物资进行相应的检查后才能验收入账，包括检查物资是否与合同规定存在实质性差别，物资的价格是否合理，数量是否符合要求等。因为只有采购回来的物资满足申请需求，才能充分发挥作用。虽制定的验收流程比较全面，但是并没有很好地执行，使得验收程序流于表面。验收人员对需要验收的项目不仔细，验收时更多关注项目的数量而忽视了对项目实质性的检查，比如设备是否与合同规定的在性能、规格上一致等。验收人员对项目的粗糙检查，很容易助长不良供应商提供质量不达标的物资，甚至可能造成相关采购人员与供应商相互勾结的舞弊现象，给学校带来重大损失。

（5）信息与沟通渠道不畅。内部控制中的内部控制环境、风险评估、控制活动及监督这四个要素的连接是通过信息与沟通来作用的。只有信息与沟通渠道畅通，内部控制的其他五个要素才能更好地发挥应有的作用。管理层可以通过相关的信息沟通渠道对相关活动的进度有动态的了解，并且也可以通过信息沟通渠道将相关活动的注意事项进行准确的传达，使内部控制制度的相关规定得到有效的执行。

重庆科技学院尚未建立采购部门与相关部门间的沟通机制。采购实行归口与业务相结合的管理方式，即使用单位提出采购申请，相关业务部门对采购方案进行论证，采购办负责组织相应的采购人员进行采购。但是，并未建立使用单位与采购部门，业务部门与采购部门及使用部门之间的沟通机制。这可能造成采购部门采购的物资与使用部门的需求存在一定的差距，或者因为使用部门间未进行相应的沟通，造成采购需求重复，采购的物资被闲置，物资被浪费。

（6）监督有待加强。高校政府采购各个环节都可能有潜在的风险，有效的监督可以有效控制部分风险，监督是实施相关内部控制手段的有力保障。政府采购的内部控制存在监督执行力不到位的状况，造成监督是采购环节中比较薄弱的一环。

虽然设立了审计处、纪委办公室和监察处，并且规定其对政府采购业务相应的监督职责。然而，该校审计处的相关人员更加倾向于对流动资产的审计，比如现金等，对采购物资特别是大型固定资产的审计不太重视；再加上监察处对采购的监督大多都是被动监督，多数是在评标环节对采购进行监督，或者是受到举报时例行公事进行监督，导致对于采购环节的监管流于形式，没有对项目进行动态监督，没有形成事前、事中及事后全面的监督体系。

第四节 网上询价系统的试运行成功案例

近年来，随着我国财政体制改革不断深入，部门预算、国库集中支付、政府采购等制度的实施，对高校财政性资金的分配、支付产生了重大的影响。政府采购制度不是一项孤立的制度，而是公共财政改革的一个重要组成部分。政府采购的发展和变革必须牢牢把握财政改革的大方向，着力推进预算编制、执行、监督三位一体的公共财政业务体系、技术体系和组织体系改革，创建科学、高效、运转协调的运行机制。

网上竞价采购既是电子商务的重要形式，也是采购方式发展的必然趋势。它不仅带来了技术上的改变，更重要的是改变了传统采购业务的处理方式、优化了采购过程、提高了采购效率、降低了采购成本。高校的政府采购管理必须与财政体系的部门预算和国库集中支付改革同步推进。高校政府采购网上竞价模式是一种政府采购创新模式，是对高校政府采购的有益补充，对于规范高校政府采购行为、提高资金使用效益、促进廉政建设发挥着积极的作用。

按照《重庆市政府采购分散采购管理暂行规定》，单次采购金额1万~20万元（含20万元）的货物、工程、服务类采购实施分散采购。单次采购金额在5万元以上的分散采购项目，采购人应当在重庆市政府采购网发布采购信息3个工作日以上；5万元以下的，由采购人酌情处理。2012年6月，重庆科技学院与重庆港澳大家软件有限公司（重庆市财政局软件支撑服务商）开始沟通，拟开发适用于重庆市政府采购分散采购的“政府采购网上询价系统”，并率先在高校教育系统试运用。经过几年的建设，目前重庆市财政局在重庆市政府采购网已经正式推出了“政府采购网上询价系统”“行采家”两个系统，与“政府采购电子交易平台”一样同属公开交易系统，凡属分散采购项目均可在该系统进行采购。鉴于该校采购工作实际情况，考虑执行1万元以上、10万元以下金额的分散采购项目，使用“政府采购网上询价系统”交易。为提高采购工作的透明度，做到“三公”交易，将10万元以下分散采购的部分权限下放到各二级单位，由招标办与各二级单位共同完成采购工作。招标办分配各二级单位的账号，负责培训各二级单位的采购工作负责人，包括法律法规的宣讲、标书的编制、明确采购的程序。各二级单位的采购工作负责人，通过OA系统，先期完成审批手续，进入“政府采购网上询价系统”，根据审批方式，填写采购需求，流转至招标办分散采购负责人。招标办分散采购负责人审核采购需求，若审核通过，及时在重庆市政府采购网公告。公告3日后，供应商报价完成开标，进入合同程序，与供应商共同完成合同签订。各二级单位的采购工作负责人验收货物，完成资产入固定程序款，完成该次分散采购工作。

一、高校政府采购网上竞价模式的优势

高校政府采购网上竞价模式充分体现了公开、公平、公正、诚实信用的原则。网上竞价管理系统在采购效率、采购监督以及开放性方面可以更符合高校采购的实际，能根据高校政府采购的特点进一步完善，以充分发挥其优势，实现政府采购效能的提升。网上竞价采购对提高高校政府采购的效益、效率和效果起到十分重要的作用。具有如下优势：

（1）节约资金，进一步提高高校政府采购效益。在传统的政府采购中，有

一种“财政资金随便花、随手花、随性花”的心态，在确定高校政府采购预算时，完全由采购人决定，缺乏采购预算的论证、审核和监督程序。特别是关于零星设备的采购预算，采购人往往不经过市场的充分调研，存在“要什么给什么，要多少给多少”的现象，使政府采购预算虚高，采购资金浪费较严重。

网上竞价采购管理系统的设计以阳光采购为主线，以互联网技术为核心，以采购对象为主体，通过网络平台实现采购方与供应方互动交流。网上竞价采购从采购信息发布到最后中标详情全部公开透明，可以接受各管理方的监督，杜绝暗箱操作。

供应商通过网上竞价可以减少许多前期的推销和公关工作，免去投标文件编制、印刷、邮递等方面的费用支出，减少投标工作量，实现低成本运作。供应商在参与网上竞价时，获得竞价采购信息、网上投标的机会相对公平；用户可以避免因为不了解采购设备的各种信息而使采购价格较高的问题。

供应商投标竞价完全取决于获利期望的大小，并最终决定了其中标概率。网上竞价采购使供应商降低了投标成本，会尽可能降低投标价格，争取达到中标底价，这样的采购能满足高校政府采购经济性的要求。

（2）规范操作，进一步提高高校政府采购效率。由于政府采购要求预算的计划性和采购操作的规范性，客观上决定了采购程序的复杂性，也决定了采购的周期相对较长，采购效率较低。

通常，高校的采购招标工作从项目招标审批开始，先经过招标方式的送审与报批、招标文件的送审与报批；然后在公开媒体发布招标公告并发售相应的招标文件；再通过采购项目的投标、开标及评标，将评标报告送审及备案；在规定的媒体上公示评标结果后发出中标通知书；最后由中标人与采购人或采购代理人签订采购合同。整个采购周期少则 2 个月，多则 3 个月甚至半年。因此，政府采购效率低下已成为高校仪器设备政府采购迫切需要解决的一个现实问题。网上竞价采购利用网络化采购信息系统发布采购信息、接受投标、审核定标（或自动定标并发布中标），基本实现了无纸化招投标。

网上竞价采购系统客观公正，信息公告的方式、公告的时间、中标原则完全通过采购信息系统得以实现，招投标各方可以通过竞价系统实现即时互动交流，以达到最满意的采购结果。

另外，网上竞价采购系统使采购程序简化，特别是使重复性采购程式化，通过计算机就可以快速完成采购环节的多个步骤，减少人工操作带来的麻烦。例如，供应商能在第一时间从网上获取设备采购信息，并将投标信息经互联网提交给竞价系统；竞价系统接受投标或报价后，可以按规定程序自动处理，由采购人员按最低价中标原则确定预中标供应商，网上竞价系统管理人员审核并最终确定中标供应商，并可立即在网上公布中标供应商。网上竞价采购系统极大地缩短了采购周期，提高了采购效率。

(3) 信息公开，进一步提高高校政府采购效果。高校政府采购的特点是：资金来源渠道多、规模大；采购管理层次多、权限分散；采购的设备品种多、技术含量高。一方面，采购用户往往对政府采购的程序不了解，采购项目的文件编制不全，对采购设备的性能描述不准确，采购信息的发布很难反映出采购计划的全貌；另一方面，高校采购人员对专业性强的设备缺乏了解，对高、精、尖设备的技术指标无所适从，如果在采购过程中与使用单位缺乏沟通与协调，将不可避免地出现随意性、临时性和盲目性。

高校设备网上竞价采购是在竞价采购网的公告栏发布采购信息。采购信息包括竞价编号、竞价标题、竞价规则和竞价内容等，这些内容完全公开。竞价编号由系统自动生成；竞价标题为采购产品名称；竞价规则由系统确定；竞价内容包括采购设备的配置、技术参数、数量、售后服务承诺等。供应商的报价信息在竞价结束前对其他供应商、采购用户、采购管理人员完全保密。竞价结束后，竞价操作系统将按报价降序排列出供应商报价列表，供采购用户初选和采购管理人员审定。高校通过网上竞价采购，增强了信息公开的力度，扩大了信息公开的范围和内容，缩短了信息交流的响应时间，提高了采购活动的实际效果。

二、高校政府采购网上竞价管理的完善

高校网上竞价采购是利用网络技术，采用公开竞价的形式体现公开、公正、公平的原则，从而实现资金的节约、资源的最佳配置和采购工作的高效率。但是，如果没有有效的约束机制和监督体系，网上竞价采购管理系统也会出现各种各样的问题，从而影响其目标的实现。

(一) 推行竞价采购“限时办结制”

政府采购管理从采购预算申报到采购验收，需要经过一系列的程序，不管是网上竞价采购还是其他采购，都要按确定的顺序进行，每个采购环节必须在规定的时间完成。在整个采购程序中，某一环节的停顿、拖延，均会影响整个流程；其中某一个任务中断，其后所有工作流程也会中断，从而出现采购任务无限期拖延。

网上竞价采购过程，要经过采购建议书（采购任务）下达到采购人、采购信息上传、采购竞价、中标结果公告、签订采购合同、供应商送货、验收、付款、固定资产入账等多个环节。

仅从采购竞价过程而言，系统从信息发布到自动停止报价、确定中标供应商，均能定时完成并做到客观、公正、方便、快捷。但是在实际操作过程中，由于种种原因，有时采购信息的上传会花费较长时间，甚至出现上传后退回要求重

新修改的情况；有时采购项目公告结束但供应商迟迟不送货；有时供应商送货后采购单位不验收、不付款，在竞价系统中一直显示待送货状态，影响了采购的效率。

因此，网上竞价采购系统要从受理竞价开始，对每个环节设置限时办结时间，对于超时的采购项目提出预警告示。对超过承诺时间尚未完成的项目，采购人应说明原因并明确需要延长执行的宽限时间。超过宽限期限的采购，采购管理部门或监管部门应提出警告，甚至终止项目采购，并追究相应人员的责任。高校网上竞价采购推行限时办结制，能更好地发挥高校网上竞价的优势。

（二）积极开展“跟单采购”项目的探索

网上竞价采购系统是一个庞大的采购管理信息系统。随着系统的不断运行，系统内的“三库（采购人数据库、采购商品数据库、采购供应商数据库）”信息不断充实，推行跟单采购是完全可能的。采购用户在录入采购设备信息时，系统自动搜索类似商品的历史成交记录。一种商品在某一个学校没有采购记录十分正常，但在几十甚至上百所学校中完全有可能存在历史成交量记录。例如，在竞价采购系统中设定近 6 个月的成交记录作为可供采购选择的有效记录，采购单位认为其结果符合采购需求、中标成交价格明显低于市场价的，而且采购项目内容和需求基本相同，采购数量和金额均不超过需采购项目的，由采购人提出申请，经采购管理人员或采购监督人员审定，竞价采购系统直接向供应商提出采购申请。供应商如有能力供货，可以直接完成采购邀约。在网上竞价系统中推行“跟单采购”，能进一步提高高校政府采购的效率。

（三）逐步推行“多品牌竞价采购”的探索

网上竞价采购是以单品牌比价为原则，通过系统来评价采购项目，以低价原则来确定供应商。但根据相关法律规定，为防止舞弊行为，招投标办法中明确规定不允许出现指定品牌的做法。网上竞价采购相对灵活，采购项目是在用户单位、采购部门、监察部门对某品牌的性能和质量都十分认可的情况下实施，但在实际采购过程中出现的恶意低价、串标围标、供应商缺乏诚信等问题，是因单纯以价格为导向引起的，而解决这些问题最有效的办法是多品牌竞价采购。多品牌竞价采购必须考虑供应商的产品质量、服务水平等因素，引入网上竞价的评标专家，通过专家网评的形式对投标设备的价格、质量、服务水平进行综合评判，确定中标供应商。

（四）完善竞价采购管理监控体系

网上竞价系统提供了对竞价供应商的评价系统。但是，由于采购人对供应商信誉评价缺乏积极性，使系统中缺乏评价信息，形成对供应商的监管软化。系统应该要求采购用户对采购设备质量或服务价格进行全面评价，如没有相应评价，系统自动发出警告，由采购管理人员在付款时督促采购人进行评价。供应商的不良行为将记入诚信档案并予以曝光。同时，竞价系统也应增加供应商对采购人的评价，如采购人在采购过程中是否有不端行为，采购验收、采购资金支付是否及时等，帮助高校采购监管部门对高校内部采购人员进行监督管理，加强自律，切实保证高校政府采购各项监督制度的内容具体化、规范化。建立完善的政府采购监督体系，可使得高校政府采购监督管理充分、有效，而不至于流于形式。

三、结束语

公开透明的采购环境是政府采购工作顺利开展的基础，是规范采购行为、实现和谐采购、推动政府采购事业又好又快发展的有力保障。高校要加强政府采购，必须简化采购程序，不断改进和创新采购手段和方式，不断提高政府采购效益、效率和效果。高校实行政府采购网上竞价，应牢固树立依法采购、廉政采购、科学采购、和谐采购的理念，坚持以规范、高效、服务、创新为目标，以信息化建设为手段，健全采购运行机制，规范政府采购行为，实现高校政府采购的科学化和精细化管理。

重庆科技学院对实际运行的两个系统中的体会非常深刻，一是完全杜绝了关系招标，采购过程中少不了有一些供应商与学校长期合作，也保持着良好的供销关系，如果是在人工采购情况下，必然少不了考虑关系因素，势必会对招标结果有所影响，现在网上询价采购，完全回避了这种关系，使得一些有实力、有报价优势的供应商也能中标，真正意义上做到了公平交易。二是加快了采购的进度。一批采购单合并采购，集中挂网，统一开标，使得采购进度加快，注重效率的提升。三是程序更加规范。每一道工序、每一个环节，都在电脑上、网络上呈现，有规范的标书、规范的开标记录、自动生成的规范的合同模板，每个程序都在网络上流转，少了人工干预，更加规范，能避免很多廉政风险。

附　　录

附录一　重庆科技学院经济活动内部控制规范（试行）

第一章　总　　则

第一条　为了进一步提高我校内部管理水平，规范我校经济行为，加强廉政风险防控机制建设，健全内部监督体系，确保学校经济活动正常运行和国有资产安全完整，根据财政部《行政事业单位内部控制规范（试行）》（财会〔2012〕21号）和财政部、教育部《高等学校财务制度》（财教〔2012〕488号）等有关文件精神，结合学校实际，制定本规范。

第二条　本规范适用于学校所有经济活动的内部控制。

第三条　本规范所称内部控制，是指学校为实现控制目标，通过制定制度、实施措施和执行程序，对经济活动的风险进行防范和管控。

第四条　内部控制规范的目标

（一）合理保证国家法律法规及学校内部规章制度的贯彻执行。

（二）合理保证学校经济活动合法合规、资产安全和使用有效、财务信息真实完整。

（三）有效防范经济活动舞弊和预防腐败，及时发现风险并控制风险，提高学校管理水平。

第五条　内部控制规范的基本原则

（一）全面性原则。贯穿学校经济活动的决策、执行和监督全过程，实现对学校经济活动的全面控制。

（二）重要性原则。对学校重要经济活动和经济活动的重大风险予以关注。

（三）制衡性原则。在部门管理、职责分工、业务流程等方面形成相互制约和相互监督。

（四）适应性原则。符合国家有关规定和学校的实际情况，并随着外部环境的变化、学校经济活动的调整和管理要求的提高，不断修订和完善。

第六条　学校成立风险评估工作小组，由主管财务校领导担任组长，根据外部环境、经济活动或管理要求对经济活动风险进行评估。风险评估需重点关注以下两方面内容：

（一）管理层面的风险评估——包括内部控制工作的组织情况、内部控制机制的建设情况、内部控制规范的完善情况、内部控制关键岗位工作人员的管理情况、财务信息的编报情况等。

（二）经济活动业务层面的风险评估——包括预算管理情况、收支管理情况、政府采购管理情况、资产管理情况、建设项目管理情况、合同管理情况等。

第七条　内部控制的方法：不相容岗位相互分离、内部授权审批控制、归口管理、预算控制、财产保护控制、会计控制、单据控制、信息内部公开等。

第八条　学校各部门负责组织协调部门内部控制工作。经济活动的决策、执行、监督必须相互分离，应建立健全集体研究、专家论证和技术咨询相结合的议事决策机制。重大经济事项的决策，应由领导班子集体研究决定。

各部门应建立健全内部控制关键岗位责任制，明确岗位职责分工，确保不相容岗位相互分离、相互制约和相互监督，并对关键岗位工作人员实行轮岗制度、进行业务培训和职业道德教育。

第二章　预算业务控制

第九条　建立健全预算编制、审批、执行、决算与评价等预算内部管理制度，合理设置岗位，明确相关岗位职责权限，确保预算编制、审批、执行、评价等不相容岗位相互分离。

第十条　预算编制和审批。根据《重庆科技学院财务管理办法》《重庆科技学院预算管理办法》，学校各部门须按照年度事业发展计划、任务、财力以及学校预算编制要求，据实编制部门年度预算，提交学校财务部门（一上）；财务部门审核、汇总各部门年度预算，编制学校预算草案；预算草案提交学校财经工作委员会预审后，报校长办公会、党委常委会审定批准。

财务部门将学校批准后的预算方案下达给各部门（一下）；各部门根据以下指标细化经费预算，并提交财务部门（二上）；财务部门审核细化指标，确定并下达部门年度预算指标（二下）。

第十一条　预算执行。各部门须根据财经政策，按预算确定的金额和用途使用资金，确保预算严格有效执行。财务部门定期或不定期对预算执行情况进行检查、分析，对预算执行中存在的问题提出改进措施，提高预算执行的有效性。年终，各部门须向主管校领导和部门职工汇报预算执行情况；财务部门负责向学校财经工作委员会、校长办公会和教代会汇报学校年度预算执行情况。

第十二条　预算调整。年度预算指标不得随意调整，如遇国家政策调整、工作任务发生重大变化以及突发事件等不可预见因素对预算的执行产生较大影响时，可对预算按程序做适当调整，包括总额调整和局部调整。

（一）总额调整是对原预算收支总额进行调整。调整方案由财务部门编制，经学校财经工作委员会预审后，报学校校长办公会、党委常委会审定。

（二）局部调整是指在收支总额不变的情况下，对部分预算项目的调整。相关部门对调整事项在经过充分论证后，提出书面申请（部门负责人签字并加盖部门公章，5 万元及以上金额的调整还需分管校领导签字批准）。财务预算管理岗位人员根据调整申请书编制预算调整通知，经分管科长、财务部门负责人签字审批后调整预算。

第十三条　绩效评价。年终对预算执行情况进行真实、完整、准确分析，并对预算执行进行绩效评价。各部门需对预算执行进行绩效自我评价，提交主管校领导和财务部门；财务部门对全校预算执行进行绩效评价，分析项目实施情况、完成效果以及经费管理中出现的问题，绩效评价结果与下年度经费预算直接挂钩。

第三章　收支业务控制

第十四条　建立健全收入、支出内部管理制度。合理设置岗位，明确职责权限，确定经济活动各项收支标准，明确收支核算流程，确保收付款、会计核算等不相容岗位相互分离。

第十五条　各类收入由学校财务部门按照国家有关政策法规归口管理并进行会计核算，严禁设立账外账；凡涉及收入的部门，需按政策规定对学校各类收入负有及时足额收缴的责任。

第十六条　各部门应当在涉及收入的合同协议签订后及时将合同等有关材料提交财务部门作为账务处理依据，确保各项收入应收尽收，及时入账。各责任主体需定期检查收入金额是否与合同约定相符；对应收未收项目应当查明情况，落实催收责任。

第十七条　对于学费、住宿费等财政非税收入，严格执行国家规定的收费项目和标准，及时办理《收费许可证》并进行公示，按照规定开具财政票据，做到收缴分离、票款一致，并及时、足额上缴财政。严禁擅自增加或改变收费项目及标准，不得以任何形式截留、挪用或者变相私分收入。对欠费情况提请相关教学部门查明情况，催收催缴，确保各项非税收入及时、足额上缴财政。

第十八条　根据《重庆科技学院票据管理办法》，财政票据、发票等各类票据的购买、领用、开具、收回保管等均应履行规定手续。

（一）票据的购买

1. 学校各种票据的购买由财务部门专人负责，其他任何人员无权购买学校使用的各种票据。

2. 购回的各种票据加盖有效印章（财务专用章或发票专用章）后，交由财务部门票据管理员登记保管。

3. 购票人员与票据印章管理员应为不同人员。

（二）票据的领用

1. 票据管理员应建立票据台账，做好票据序时登记工作。票据管理员应设置“票据领用收回登记簿”，领用人在领用和交回时均应在“票据领用收回登记簿”登记。

2. 使用票据部门需要领用票据时须填写“票据领用申请单”，经该部门负责人签字确认后加盖其部门公章，再由财务部门负责人审签后方可领用。

3. 票据领用人必须本人到票据管理员处领取票据，不得由他人代领。

（三）票据的开具

1. 各种票据必须按照规定的用途使用，不得随意更改或扩大票据的适用范围。

2. 票据应当按照顺序号使用，不得拆本使用。

3. 对于作废的票据，必须保管好所有联次，在交回票据存根时一并交回。

4. 严禁转让、出借、代开、买卖票据。

（四）票据的收回保管

1. 票据管理员必须定期对发放的票据进行清理，监督收入及时上交学校，收回已开票据的存根，做好废旧票据管理。

2. 票据管理员在收回票据存根时，必须严格审核相关收入是否已交财务，是否经会计人员签字盖章。

3. 票据管理员应将收回的存根按照序号放存并按照法定的保管年限保管。

4. 票据管理员要按规定保管票据。

第十九条　支出控制

（一）支出审批控制

1. 各部门应明确相关经费负责人、经办人、验收人、保管人及其不相容职责权限，对每笔经济业务进行审批。

2. 根据《重庆科技学院财务报销规定》各项支出标准及其审批权限、报销流程，对各项经费支出进行审批。审批人应当在授权范围内审批，不得越权审批。

（二）支出审核控制

1. 经济业务经办人对经济活动承担直接责任，反映支出明细内容的原始凭据，需由经办人签字或盖章，确保经济业务事项合法、真实。

2. 经费负责人对本部门的经济活动承担领导责任，须认真审查每笔费用的开支，对经济活动的合法性、真实性、效益性负责。

3. 财务部门设置审核岗位，全面审核各类凭据。重点审核凭据来源是否合法，内容是否真实、完整，使用是否准确，是否符合预算，审批手续是否齐全。

4. 财务部门设置复核岗位，负责对记账凭证及其所附原始凭据进行全面复核，发现问题及时纠正，确保会计信息准确无误。

（三）支付控制。出纳依据相应凭据办理资金支付手续，需严格控制现金支付，按规定以银行转账、公务卡等方式进行支付。

（四）支出的核算和归档控制。由财务部门根据支出凭证及时准确登记账簿，进行会计核算；与支出业务相关的凭据、合同等材料作为账务处理的依据，并按规定归档保管。

第二十条　建立健全债权债务内部管理制度。设置不相容管理岗位，不得由一人办理债权债务业务的全过程。大额债权、债务的举借和偿还属于重大经济事项，应当进行充分论证，并由学校集体研究决定。

财务部门要做好学校债权、债务的会计核算和档案保管工作。加强债权、债务的对账和检查控制，定期清理各项应收账款，向债务人催收应收款；定期与债权人核对债务余额，进行债务清理，防范和控制财务风险。

第四章　政府采购业务控制

第二十一条　建立健全政府采购预算与计划管理、政府采购活动管理、验收管理等政府采购内部管理制度。明确相关岗位职责权限，确保政府采购需求填报与内部审批、招标文件拟稿与复核、采购合同签订与验收、验收与保管等不相容岗位相互分离。

第二十二条　学校成立政府采购工作领导小组，设置政府采购部门，按照相关法规和学校制定的采购管理制度归口负责学校货物类、工程类及服务类项目的采购管理，按照“采管分离，分工负责”的工作模式，组织实施全校的政府采购工作：使用部门负责调研论证、提出需求、编制采购预算等；采购部门负责招标采购、合同签订等；资产部门负责验收，审计部门负责政府采购日常监督。

第二十三条　政府采购预算与计划的管理。年末，按照学校下年度事业发展计划、任务，采购部门、财务部门共同编制学校计划年度政府采购预算，并上报重庆市教委、市财政局。使用部门负责政府采购的调研，对其科学性、合理性、可行性及效益性进行论证，确认经费来源、场地落实及无重复购置等情况，提出采购申请，经各级领导审签同意后正式立项；采购部门按照已批准的采购申请制定政府采购计划。

第二十四条　政府采购过程的管理。在采购活动中，须建立政府采购、资产管理、财务、纪监、审计等部门相互协调、相互制约的机制。

（一）编制标书，审核采购申请，选择政府采购方式。采购经办人员负责招标文件起草，项目负责人负责招标文件校核，采购部门负责人负责招标文件审定，按规定划定采购权限，采取相应的采购组织形式。其中大额物资采购项目，根据情况还需实行招标文件会审。会审工作组一般由使用部门、采购部门、财务部门及纪监、审计部门有关人员组成。

确因实际需要变更政府采购方式的，由使用部门提出变更申请，项目归口管理部门、采购部门进行审核，提出变更意见，分管采购工作校领导审批同意后确定。

（二）发布政府采购信息。采购部门在重庆市政府采购网上发布采购信息，依法公开采购需求、采购预算等政府采购资料，并在学校招标信息专题网站，同步公开相关信息。

（三）组织招投标。采购部门依法组建评标委员会，按规定进行招投标，除采购部门采购监督员全程参与监督外，还需纪监、审计部门参与现场监督。每月编辑一期《招标简报》，每个项目撰写一期招标过程纪要，在校园网进行公开，接受监督。

（四）签订采购合同。采购金额在1万元以上的采购项目均要签订采购合同，合同签订由相应部门分工负责，其中：（1）基建部门组织工程类项目采购合同的签订；（2）后勤部门组织维修改造类项目采购合同的签订；（3）教务部门组织教材类项目采购合同的签订；（4）图书部门组织图书资料及数字资源类项目采购合同的签订；（5）校医院组织医药器械类项目采购合同的签订；（6）采购部门组织除工程类、维修改造类、教材类、图书资料及数字资源类医药器械类等外其他采购项目合同的签订。

第二十五条 政府采购项目验收的管理。采购完成，货物送达或安装调试后，要根据政府采购制度和资产管理制度对所购物品的品种、规格、数量、质量和其他相关内容进行验收，并出具验收证明。使用部门负责采购项目技术指标、性能质量、功能效果等的验收，以及采购物品的保管、使用与维护；资产部门负责实物验收、采购物品领用登记、变更保管人、计提折旧、报废等动态管理。

第二十六条 政府采购业务质疑投诉答复的管理。重视投标人权益保护，按照《重庆市政府采购供应商质疑投诉处理暂行规定》依法处理政府采购中的有关质疑及投诉事项。

第二十七条 政府采购资料管理。设置专用档案室，政府采购资料管理由专人负责，按照学校《采购档案管理暂行规定》，完整收集采购过程中形成的各种文字、图纸、图表、声像等不同载体的原始记录，包括政府采购预算与计划、批复文件、招标文件、投标文件、评标文件、合同文本、验收证明等相关采购业务资料，并立卷归档。

第二十八条　政府采购安全保密的管理。保守采购秘密，严格执行《重庆科技学院招标投标工作纪律》，采购人员不准向他人泄露获取招标文件的潜在投标人情况、项目评标专家名单、投标文件的评审和比较、中标候选人的推荐、考察情况以及其他与采购项目有关的保密事项和资料。对涉密政府采购项目，遵守《中华人民共和国保密法》，要求学校、供货商、评标专家等相关人员严格保密，并与供货商签订保密协议或在合同中设定保密条款。

第五章　资 产 控 制

第二十九条　建立健全资产管理制度，合理设置岗位，明确相关岗位职责权限，确保资产安全和有效使用。

第三十条　建立健全货币资金管理岗位责任制，合理设置岗位，不得由一人办理货币资金业务的全过程，确保不相容岗位相互分离。

（一）出纳不得兼任稽核、会计档案保管和收入、支出、债权、债务账目的登记工作。

（二）严禁一人保管收付款项所需的全部印章。财务专用章应当由专人保管，个人名章应当由本人或其授权人员保管。

（三）出纳须按规定办理收付款业务，严禁未经授权的人员办理货币资金业务。

（四）保险柜、金库钥匙由专人保管，钥匙和密码应分人保管；到银行存取现金原则上需 2 人以上陪同办理。

第三十一条　加强对银行账户的管理。严格按照规定的审批权限和程序开立、变更和撤销银行账户。

第三十二条　加强货币资金的核查控制。出纳人员须按职责定期核查盘点货币资金余额，相关部门需定期或不定期地组织盘点库存现金，核对银行存款余额，抽查银行对账单、银行日记账及银行存款余额调节表，核对是否账实相符、账账相符。对调节不符、可能存在重大问题的未达账项应当及时查明原因，并按照相关规定处理。

第三十三条　实物资产和无形资产实行“统一领导、归口管理、分级负责、责任到人”的管理体制。

（一）资产实行归口管理。学校资产部门代表学校行使资产的监督管理职责，校属各部门依据职责范围负责相应的资产管理责任，制定实物验收、入账管理、资产使用人或保管责任人在资产管理中的工作责任。对贵重资产、危险资产、有保密等特殊要求的资产，须由专人保管，并规定严格的接触限制条件和审批程序。

（二）建立资产信息管理系统。建立健全资产信息管理内部管理规范和岗位管理制度，落实岗位责任制和领导责任制；做好资产的台账、统计、报表、分析工作，对资产实行动态管理；定期进行资产清查盘点，确保账实相符；财务部门、资产部门、资产使用部门应每月对账，确保账账相符。对账实不符、账账不符的，需查明原因，按照相关规定处理。

（三）资产配置。资产部门根据各部门履行职能和事业发展需要，核定校舍、设施、设备等办学资源的占用指标和资产配置标准，在明确使用人和存放地点后，严格结合预算，根据核定的指标和标准配置资产。

（四）资产验收。资产采购完成、基建项目竣工交付使用或接收实物捐赠，都必须进行实物验收，验收合格后，方可纳入固定资产或低值品管理。实物验收必须对照立项批文、采购合同、型号参数等进行严格验收，并书面确认保修等售后服务责任。

1. 对未达到固定资产标准的资产由使用部门组织验收，建立明细台账，纳入本部门低值品管理；

2. 达到固定资产标准的资产由资产部门组织验收；

3. 大型设备或大宗物资采购的资产需由使用部门进行技术验收后，再由资产部门进行实物验收。

（五）资产保管。资产验收后，要按照各类资产的使用说明和存放要求进行保管，定期检查，做好国有资产统计和信息报告工作。

1. 建立健全实物资产的定期巡查制度、定期清查制度、资产报表制度和资产管理考核制度，明确管理责任，保证实物资产的账、卡、物相符。

2. 各部门要建立健全相应的管理机制，自觉接受学校检查与考核；部门主要领导应对本部门实物资产管理负全面经济责任。应根据学校财务制度及资产管理办法建立本部门资产使用管理实施细则；对在账的资产，各部门必须明确资产使用和保管责任人及使用地点，建立资产使用台账，落实资产使用人在资产管理中的责任。

3. 如学校机构及干部人事调整、工作岗位变动时，各部门应及时进行资产核查并报资产部门办理资产调拨手续；发生退休、离职、死亡等情况，应及时完清资产交接手续，资产部门确认无误后，学校人事部门方予办理相关手续。

（六）资产调剂。资产部门本着节约和充分利用学校办学资源的原则，可对各部门长期闲置、低效运转、超标准配置、因技术落后淘汰但尚可使用的资产进行调剂，促进资产的合理流动，充分发挥资产效益。

（七）资产出租出借

1. 所有资产一般不得对外出租、出借，确需出租、出借的，由借出部门提出申请，报资产部门审批。依据出租、出借资产原值大小还需分别报主管副校长、校长或校长办公会审批。

2. 收回出租、出借的资产应认真勘验。出租、出借取得的收入，应及时、足额上缴学校财务部门。

3. 校内经营单位占用学校资产（作为投资部分除外）应按规定收取占用费或租金，并定期向学校报告其资产占用、使用情况。

（八）资产的处置。学校国有资产处置必须严格按规定的审核、审批、备案程序办理报批手续。房屋建筑物、土地、车辆、股权处置和货币性资产损失核销必须上报主管部门并获得批复后方可执行。

1. 资产部门负责对各部门提出的处置申请进行技术鉴定和必要性审核，技术鉴定需由相关技术专家和相关职能部门人员参加，经鉴定同意处置的资产，再按市财政局等主管部门要求履行报批手续，经批准后予以报废等处理。

2. 处置资产的收入应按规定及时、足额上缴学校或财政，任何单位和个人不得截留挪用。

第三十四条　根据国家有关规定和学校相关办法，加强对外投资的管理。

（一）确保对外投资的可行性研究与评估、对外投资决策与执行、对外投资处置的审批与执行等不相容岗位相互分离。

（二）对外投资应当由学校集体研究决定，在上报主管部门并获得批复后方可进行。

（三）加强对外投资项目（包括独资、控股和参股企业）的追踪管理，及时、全面、准确地记录对外投资的价值变动和投资收益情况，依法行使重大决策权、投资收益权、处置管理权等合法权利。对外投资取得的收益，应纳入学校年度预算，统一核算、统一管理。

（四）建立责任追究制度。对在对外投资中出现重大决策失误、未履行集体决策程序和不按规定执行对外投资业务的部门及人员，应当追究相应的责任。

第六章　建设项目控制

第三十五条　建立健全建设项目内部管理制度，合理设置岗位，明确相关职责权限，确保项目建议和可行性研究与项目决策、概预算编制与审核、项目实施与价款支付、竣工决策与竣工审计等不相容岗位相分离。

第三十六条　本规范所称建设项目是指单项工程概算在 20 万元以上的基建工程及配套基础设施的新建、改造、装修、拆除以及环境绿化工程等。

第三十七条　建设项目内部控制包括分工与授权、立项与决策、勘察设计与概预算、招投标与合同、施工组织与收方签证、结算与付款、验收与决算等控制环节。

第三十八条　建设项目管理的分工与授权

（一）严格按照《重庆科技学院基本建设管理办法》明确党委和行政领导、相关职能部门和人员的职责和权限，强化工程建设全过程的监控，确保建设项目的质量、进度和资金安全。

（二）学校基建部门为建设项目业务归口管理部门，其他各部门和人员只能在其职责范围和权限内，按规定程序办理建设项目业务，不得超越权限确认或审批建设项目业务。

第三十九条　建设项目的立项与决策

（一）建设项目的立项必须提出项目建议书，投资概算达到规定限额的新建项目需要提出可行性研究报告。项目建议和可行性研究必须依据实际需要并符合学校发展规划和校园建设规划的要求，做到真实客观，需反映拟建项目的投资概算、筹资方案和预期效益等内容。

（二）立项审批资料（项目建议书、可行性研究报告等）经基建部门初审后，财务部门、审计部门应对项目建议书的筹资方案和投资估算进行审核，然后提交学校决策。学校做出决定后由基建部门依据投资概算金额大小，按规定的程序和授权向上级主管部门报批立项。

第四十条　建设项目的勘察设计与概预算

（一）需要社会专业团队提供勘察、环评、设计和概预算等服务的项目，应依据招投标管理的规定，按规范的程序选定服务单位。

（二）基建部门应向社会服务单位提供拟建项目的功能、需求、规模、选址及特殊要求等技术资料，并对社会服务单位提供的成果进行审核，由中标单位组织建设项目的勘察设计。

（三）按预算清单和包干价招标的项目，基建部门应组织编制预算，审计部门负责对预算进行审核。预算审核的重点是编制依据、项目内容、工程量的计算、定额套用等是否真实、完整、准确。

第四十一条　建设项目的招投标与合同。建设项目应严格按照政府的规定或批准的招标采购方式选择有相应资质的承建单位和监理单位。

（一）学校采购部门负责组织建设项目招投标工作。在选择承建单位时，不得违背工程施工组织设计和招标设计计划，不得将应由一个承建单位完成的工程肢解为若干部分发包给几个承建单位。

（二）投资概算金额达到公开招标限额的项目，须在政府指定场所公开招标。投资概算金额未达到公开招标限额的项目，应参照公开招标办法自主组织招标。

（三）招标程序应规范有序。无论公开招标还是自主组织招标，都应按规范的程序进行。遵循公开、公正、平等竞争的原则，发布招标公告，提供载有招标工程的主要技术要求、主要合同条款、评标的标准和方法，以及开标、评标、定标的程序等内容的招标文件。

（四）学校采购部门应组织财务、审计、基建部门和使用部门对招标文件进行审查。

（五）对于有标底的招标项目，负责标底编制、审批、经手和保管的有关人员，应签署保密承诺，对标底严格保密。

（六）基建部门负责组织建设项目的合同签订。合同条款须在招标文件中完整反映，合同主要条款原则上采用《合同示范文本》。

（七）所有建设项目在实施前都应签订合同。不得订立背离招标文件的合同和背离合同实质性内容的协议。工资单价标准、各项取费费率标准、主材价格调整方法等参照重庆市建设项目造价管理部门文件规定在合同中予以约定，并与招标预算限价口径一致。

（八）财务、采购和审计等部门参与合同会签时，应重点审核合同的金额、支付条件、结算方式、支付时间等内容的依据和合理性。

第四十二条　建设项目的施工管理与收方签证

（一）规范建设项目实施的对接管理。基建部门应在建设项目开工前进行项目建设管理的技术对接，包括：组织校内相关职能部门向设计、监理和工程承建方等参建单位交代学校对工程管理的制度、流程和相关要求；介绍甲方参与该项目监督和管理的成员、联系方式、监管方式、意见反映渠道；重申合同约定条款和重点要求事项；明确施工组织方案的审查意见以及其他需要对接的事项。

（二）规范建设项目的施工管理。基建部门应给每个工程配置甲方现场工程师（现场代表）和监理工程师（根据项目要求配置），并对监理工程师授权范围内的“三控三管一协调”（三控：质量控制、进度控制、投资控制；三管：信息管理、合同管理、安全管理；一协调：参建各方的协调）作用的发挥情况进行监督检查。没有聘请监理工程师时，甲方现场代表负责“三控三管一协调”工作。

（三）规范建设项目的变更管理

1. 建设项目变更需根据提出变更的主体的不同，按照规定程序由相关主体签字同意后实施；若建设项目实体效果和功能发生较大变更，需报分管副校长审批后实施；若发生重大变化，需报校长办公会审批后实施；项目变更达到制度要求标准的，还需报上级主管部门审批。

建设项目变更的投资控制审批：造价变化金额累计在合同价 3% ~6% 的由分管副校长审批，在合同价 6% ~10% 的由校长审批，达到合同价 10% 以上或增加造价 50 万元以上的需报校长办公会审批。

2. 建设项目变更审查重点：（1）施工单位是否因施工便利或提高工程造价

而要求变更；（2）监理单位对施工单位提出的变更立项、工程量和单价审查是否严格把关；（3）工程变更是否通过优化设计方案、施工方案来提高质量、缩短工期、节约成本等。

（四）规范建设项目现场收方签证管理

1. 基建部门负责组织现场收方，参与收方的各方代表需在现场勘测确认并签证。参与收方的人员构成主要有基建部门的现场工程师和造价员、学校审计人员、跟踪审计人员、监理工程师、施工单位项目负责人等。

2. 隐蔽工程收方时，一般情况下施工单位须提前24小时通知基建部门组织相关各方在施工实施前进行现场勘测收方；因抢险等特殊情况相关人员未能及时参加现场收方签证的，监理工程师应会同甲方现场工程师做影像记录并根据施工前后的现场资料在5个工作日内完善收方手续。

3. 签证计工和零星机械台班工作量的签证要有准确完整的记录资料和必要的影像资料，金额不足1万元的，由基建部门负责现场管理和造价人员会同监理工程师确认办理；金额达到1万元及以上的，按照现场隐蔽工程收方签证的要求办理。

第四十三条　建设项目的结算与付款

（一）基建部门和审计部门共同负责工程进度款的审核，确保工程进度款支付与工程进度相匹配，并符合合同约定的付款比例。因特殊情况需要超合同比例支付工程进度款时，应根据施工单位的申请和现场管理情况，由基建部门提出并与财务、审计部门会商后报学校领导审批。

（二）施工单位须承诺并承担超合同比例支付工程进度款的资金成本（按同期人民银行的贷款基准利率计算），基建部门要对超合同比例支付工程进度款可能出现的超过工程总价付款的风险负责。

（三）基建部门负责工程结算的初审，审计部门负责复审。结算审核依据为：国家及地方建设行政管理部门有关工程造价的管理规定、施工单位提交工程结算资料、工程合同及变更协议、工程设计图纸与批准的变更方案、工程量现场签证资料、工程监理意见、材料设备认质认价资料及其他相关资料、竣工验收合格的凭据。

第四十四条　建设项目的验收与决算

（一）工程实施过程中，基建部门应按照政府关于建设项目工程验收的规定，协调好建设主管部门、监理和施工单位，及时推进各项专项验收。

（二）工程完工后，基建部门应及时督促、组织监理工程师、学校资产部门和使用部门参与工程预验收。基建部门在预验收工作中应重点落实检查专项验收合格资料和竣工验收所需的其他资料；按图纸要求对土建、水电安装及设施设备质量和使用功能等进行检查；针对检查中发现的问题形成督促施工单位限期整改的书面意见。

（三）基建部门应督促监理工程师和施工方对预验收中发现的问题进行整改，并及时向建设主管部门申报竣工验收。竣工验收时基建部门应主动配合建设主管部门对项目验收人员、验收范围、验收依据、验收程序的合规性审查，并确认预验收发现问题已经整改到位，只有条件完全具备后方可形成接受竣工验收的意见。

（四）基建部门应及时向建设主管部门领取工程竣工验收合格证，并办理备案手续。

（五）财务部门应在工程竣工验收和结算复审完成后组织办理工程项目财务决算工作，决算时应牵头清理核实决算资料：包括会计资料的归集整理、债权债务的清偿、在建项目投资额、待摊投资额、通过复审的竣工结算书、审计报告书等，并据以编制基建项目财务决算报告，进行相关账务处理。

（六）基建部门是工程财务决算的配合单位，应按要求提供竣工验收合格凭据和相关资产清单。

第四十五条　建设项目的档案管理和资产移交

（一）基建部门应依据《中华人民共和国档案法》《重庆市建设工程项目档案管理规定》和学校关于档案管理的相关规定，按要求加强建设项目档案的管理：

1. 做到建设项目工程立项与档案建立工作同步；工程建设过程与竣工资料的收集、整理、审定同步；工程竣工验收与提交合格、完整的竣工资料验收同步。

2. 凡属我校建设项目管理和建设项目活动过程中直接形成的、有保存价值的文字、图表、电子文档及声像载体材料等，均属建设项目档案。建设项目档案必须反映建设项目管理和项目建设的全过程，保证完整、准确、系统；必须遵循其自然形成规律，保持真实、客观、有机联系。

（二）基建部门应督促施工单位配合完成政府档案管理部门组织的档案验收和归档工作。

（三）基建部门应在工程竣工验收合格和档案验收合格后，及时向学校档案部门移交档案。

（四）基建部门应在工程竣工验收合格并取得备案证后，及时清理工程项目的资产，编制财产清单。

（五）基建部门在完成竣工工程资产清理、项目财务决算后，需及时向资产部门办理资产和管理移交。资产和管理移交时应提交工程的财产清单、设施设备合格证、使用说明书、质量保修书等相关资料。

（六）建设项目已实际投入使用但超时限未办理竣工财务决算的，应根据建设项目的实际投资暂估入账，转做相关资产管理。

第七章　合同控制

第四十六条　建立健全合同内部管理制度，合理设置岗位，明确合同的授权审批和签署权限，妥善保管和使用合同专用章，严禁未经授权擅自以单位名义对外签订合同，严禁违规签订担保、投资和借贷合同。

第四十七条　本规范所称“合同”是指以重庆科技学院或重庆科技学院授权的职能部门为主体，与其他平等主体的自然人、法人及其他组织之间设立、变更、终止民事权利义务关系所订立的书面协议。

第四十八条　合同订立必须遵守国家各项法律、法规，坚持平等互利、协商一致、诚实守信的原则，维护学校的正当权益，任何部门和个人不得利用合同损害学校利益或牟取私利。

第四十九条　学校合同管理遵循统一领导、归口管理、分级负责的原则。校长全面领导合同管理工作，分管校领导、有关职能部门依照岗位和部门职责履行相应的合同管理职责。

第五十条　校长是合同的法定签署人。校长有权以书面形式授权其他人员为合同的委托代理人签署合同，党政办公室负责办理法定代表人授权委托书。

第五十一条　经授权的委托代理人签署合同时不得超越和滥用代理权，未经授权的校内部门和个人不得擅自对外签订合同。

第五十二条　凡以学校名义签订合同都必须使用重庆科技学院合同专用章或重庆科技学院公章，校内各部门行政公章一律不得对外签订合同。

第五十三条　合同主要有合作办学、教学、科研、学生管理、产业、基建、招投标、国际交流、劳动人事、后勤保障等类别，依据合同性质和内容分别归口相应职能部门负责管理。

第五十四条　合同内容涉及两个或两个以上归口部门的业务或职能的，根据合同性质或主要条款确定合同归口部门；不能确定的，由所涉归口部门协商解决。

第五十五条　合同拟订前，合同具体承办部门应从维护学校权益出发，对合同当事人的资质和履约能力进行调查，在对合作事项的可行性、合法性进行必要论证后，开展合同文本起草工作。

第五十六条　订立合同尽量采用行业管理部门制订的示范文本，国家的示范文本和学校的格式合同应优先使用。各归口部门根据其业务内容和管理职能，依据国家相关规定，分类制定合同示范文本。

第五十七条　涉及重大经济利益的合同须经审计、财务等部门会签，合同内容涉及几个职能部门的，须由相关职能部门会签。对于影响重大、涉及较高专业技术或法律关系复杂的合同，应当组织法律、技术、财务等工作人员参与谈判，必要时可聘请外部专家参与相关工作。谈判过程中的重要事项和参与谈判人员的主要意见，应当予以记录并妥善保管。

第五十八条　合同的签订应由相关职能部门进行审查，学校法律顾问审核，并报分管校领导审批后，由学校法定代表人或其授权的人签订。分管校领导认为合同内容涉及学校重大利益的，应提交学校相关会议审定后签订。

（一）取得校长授权可以签署合同的部门，必须经过集体研究，由部门负责人在授权范围内审查、签署合同文本。

（二）未取得校长授权的部门，拟订合同后必须向有关归口职能部门报请审批。有关职能部门负责对合同的可行性、必要性、合理性等内容进行审查。

（三）需经校领导审批的，应将合同文本连同相关材料报校领导审批。

（四）校级层面合同应经学校法律顾问审核，法律顾问审核合同后，填写合同审读意见书。

（五）报请审批合同必须提交合同文本、会议纪要等相关材料，说明拟订合同的目的、过程。

第五十九条　法律、法规有明确规定的，应依其规定办理合同批准、登记等手续。

第六十条　合同原件由有关职能部门负责保管。合同保管部门应做好合同及其相关资料的保密工作，合同原件应编号登记，指定专人保管，一般不得外借，并按规定移送学校档案部门归档。

第六十一条　合同签订后，即具有法律效力，合同承办部门应当遵循诚实信用的原则全面履行合同义务，及时跟踪和了解合同相对方履行合同义务的情况，归口部门应对合同执行情况进行动态监督，督促合同承办部门依法履行合同。

第六十二条　合同履行过程中，确需变更或解除合同的，应在法定或约定期限内，签订变更或解除合同文本。变更或解除合同，必须采用书面形式并说明变更或解除的理由、变更或解除的条款及事项、履行期限、与原合同的关系等，并按规定的合同审查权限和程序再报批。

第六十三条　合同履行过程中，若对方没有按合同约定履行，承办部门应及时以书面函件形式通知对方，并保存通知证据，必要时听取学校法律顾问的意见或建议，同时应及时将出现的问题、拟采取的措施向归口职能部门和主管校领导汇报，积极采取措施以防止损失扩大。如发现合同签订或执行过程中存在欺诈等行为，承办部门应立即向主管领导汇报，同时通知财务部门中止付款。

第六十四条　合同承办部门须根据合同条款及资产验收入库、服务提供等凭据，与供应商办理结算。未按合同条款履约或应签订书面合同而未签订的，财务部门不予付款。

第六十五条　合同履行过程中发生纠纷，合同承办部门和归口部门应及时处理。处理时应先协商解决，经协商双方达成一致的，应当订立书面协议；不能协商解决或经协商不成能达成一致的，应及时上报并通过法律途径解决。

第六十六条　因越权或违反程序、规定，擅自对外签订合同所造成的不利后果，由签订者承担。给学校造成经济损失的，由当事人按实际损失金额承担赔偿责任；学校依据有关规定追究当事人的责任；触犯法律的，依法移送司法机关处理。

第六十七条　订立、履行合同过程中，因失职、渎职或以权谋私，泄露合同秘密或学校商业秘密，造成学校损失的，依照有关规定追究责任人的行政责任和经济责任；触犯法律的，依法移送司法机关处理。

第八章　评价与监督

第六十八条　建立健全内部监督制度，明确各相关岗位在内部监督中的职责权限，规定内部监督的程序和要求，对内部控制建立与实施情况进行内部监督检查和自我评价。

第六十九条　内部监督应当与内部控制的建立和实施保持相对独立。

第七十条　纪监、审计部门需定期或不定期检查学校内部管理制度和机制的建立与执行情况，以及内部控制关键岗位的设置及人员配备情况等，及时发现内部控制存在的问题并提出改进建议。

第七十一条　纪监、审计部门负责对学校经济行为内部控制的有效性进行评价并出具我校经济行为内部控制评价报告。

第七十二条　学校经济行为内部控制的建立及实施情况接受上级财政、教育、审计等部门的监督检查，对上级部门提出的内部控制方面的意见和建议应及时采取恰当的改进措施。

第九章　附　　则

第七十三条　本规范由学校财务部门负责解释。

第七十四条　本规范从 2016 年 6 月 1 日起执行。

附录二　重庆科技学院采购管理办法

第一章　总　　则

第一条　为进一步加强采购管理，规范采购行为，提高资金效益，根据《中华人民共和国政府采购法》、《中华人民共和国招标投标法》及其实施条例、《关于进一步完善中央财政科研项目资金管理等政策的若干意见》、《行政事业单位内部控制规范（试行）》、《重庆市招标投标条例》、《重庆科技学院经济活动内部控制规范》等有关规定，结合我校实际，制定《重庆科技学院采购管理办法》。

第二条　采购是指学校从事日常的教学、科研活动或为了满足公共服务的目的，使用财政性资金、自有资金和其他资金采购货物、工程和服务的行为。采购对象分为货物类、工程类和服务类。

货物类包括仪器设备、办公设备、音像设备、监控设备、消防设施、交通工具、照明设备、家具文具、期刊图书、医疗器械等。

工程类包括基建工程、土石方、道路管网、维修改造、装饰装修、园林绿化等。

服务类包括印刷出版、维修维保、物业管理、咨询服务、软件系统（含开发）、专利代理、检测检验、租赁服务、委托加工业务等。

第三条　本办法适用于学校各单位使用财政性资金、自有资金和其他资金进行货物类、工程类和服务类的采购活动。

第四条　采购活动应当遵守以下原则：

公平公正、竞争择优；

依法依规、诚实信用；

厉行节约、科学合理；

采管分离、廉洁高效。

第二章　采购组织管理

第五条　学校成立采购工作领导小组，组长由分管招标采购工作的校领导担任，成员单位由纪监、审计、财务、资产、教务、科研、基建、后勤、信息化建设、图书及采购等部门组成，统一领导全校的采购工作，研究决定重要采购事宜。采购工作领导小组下设办公室（设在采购与招标办公室），负责采购工作领导小组日常事务。

第六条　按照“采管分离，分工负责”的管理模式，根据招标采购业务的专业特点和部门职能，落实招标采购工作主要职责。

（一）采购与招标办公室

采购与招标办公室是归口管理学校采购工作的部门，宣传采购工作的政策法规；贯彻落实学校采购工作领导小组的决策；拟定学校采购制度办法、业务流程；负责采购方式的报批、招标文件编制、开标评标组织、发放中标通知书等；记录撰写采购工作纪要；审查指导校属各单位采购计划的申报制定；参与采购项目的调研论证；督察督办采购项目的执行；统计上报采购数据；协调学校采购工作中的重要事项及疑难问题；收集整理采购工作最新动向及学校招标工作动态，为领导决策提供参考。

（二）采购项目用户单位

采购项目用户单位（以下简称用户单位）是指提出项目需求和采购申请的各二级学院、单位（部门）和科研项目组等。主要负责提出本单位年度采购预算及计划；负责招标采购前期立项、报批；提出采购需求，制定采购实施方案；负责教学、实验、科研仪器及自行采购项目的设备采购合同（协议）签订、项目执行、报账付款；牵头组织采购项目验收及档案管理；参与招标采购文件和采购合同会审、资产验收转固工作等。

（三）采购项目归口管理部门

采购项目归口管理部门（以下简称项目归口管理部门）是指归口管理采购项目的职能部门，主要指教务处、科研处、信息化处、资产与实验设备管理处、计划财务处、基建处、后勤处、校医院等。

1. 教务处、科研处负责与本部门业务相关的年度采购预算及计划编制；审查由用户单位提出的立项建设的采购项目年度采购预算及计划；组织教学实验室或科研平台等建设项目立项审查；审查采购实施方案；检查项目实施情况；牵头采购资金绩效考核。

2. 信息化处、资产与实验设备管理处、计划财务处、基建处、后勤处、校医院负责与本部门业务相关的年度采购预算及计划编制；审查用户单位提出的年度采购预算及计划；牵头或参与项目立项审查；审查采购实施方案；参与招标采购文件会审；牵头或参与重要采购合同会审；参与资产的验收；牵头或参与采购资金绩效考核。

（四）采购业务归口管理部门

采购业务归口管理部门（简称业务归口管理部门）是指因采购项目的专业性及部门职责，具体负责组织实施采购任务职能部门。业务归口管理部门主要指基建处、后勤处、信息化处、资产与实验设备管理处、校医院等。既有用户单位的职责，同时具有项目归口管理部门的职责。

（五）采购监督部门

采购监督部门是指对学校采购工作负有监督职责的监督部门，主要指审计处、纪委办公室（监察处）等。采购监督部门依法开展对采购工作的监督检查。审计处参与招标采购文件和合同会审。

（六）评审委员会

除国务院有关部门规定的情形外，学校或招标采购代理机构应当依法组建评标委员会、谈判小组或询价小组。

评标委员会、谈判小组或询价小组按照客观、公正、审慎的原则依法进行独立评审，出具书面评审报告。

第七条　校内评审专家库可以通过个人自荐、部门推荐和学校外聘等方式组建。

招标采购代理等服务机构库主要采取招标方式组建。

第八条　加强对招标采购代理机构及评审专家等基础数据库的管理、使用和维护，建立完善准入和退出机制。

第九条　各单位部门要按照内部控制建设要求，建立完善采购工作机制制度，采购制度报采购与招标办公室审查备案。

第十条　按采购合同（委托招标项目除外）总价的一定比例安排采购工作经费，用于采购工作必要的工作经费。

第十一条　执行采购政策、办法及采购资金绩效评价将作为各单位（部门）年度考核的指标之一。

第三章　采购权限与方式

第十二条　政府采购项目单次采购金额在 5 万元以下的（办公家具、基建改造与维修工程、电子协议供货产品除外），由用户单位采取询价方式，主要通过“政府采购网上询价系统”“行采家”等平台采购。1 万元以下的可采取公务卡结算采购资金。采购范围主要限于：通用性强、价值较低、有现货的仪器设备；耗材耗品；零星服务及零星项目采购等。

询价采购由采购工作人员、有关专家、用户单位及监督人员组成采购工作组。报价为一次性报价。根据符合采购需求、质量和服务相当且报价最低原则确定成交供应商。

第十三条　政府采购项目单次采购金额在 5 万元（含）~200 万元的货物和服务采购项目，采取竞争性谈判、竞争性磋商、询价方式，特殊情况可采取单一来源采购方式采购。由采购与招标办公室组织采购，也可委托采购代理机构实施集中采购。其中：

列入重庆市政府集中采购目录及限额标准、符合集中采购机构采购目录、金额达到20万元以上的货物或服务类采购，委托重庆市政府采购中心代理采购。

列入重庆市政府集中采购机构采购目录及标准，其中含★品目，单次采购金额在1万~20万元（含）的货物和服务类项目属于协议供货范围的及单次采购金额在200万元以下的电脑，经上级主管部门批准，由采购与招标办公室在重庆市政府采购电子交易平台上采购。

第十四条　政府采购项目单次采购金额达到200万元及以上的货物和服务采购项目，应当委托采购代理机构采取公开招标方式或邀请招标方式实施集中采购。

第十五条　全部使用国有资金投资或者国有资金投资占控股或者主导地位的、达到招标相关限额标准的建设工程项目，必须依法招标，委托招标代理机构实行公开招标或邀请招标。

第十六条　未达到工程招标相关限额标准的项目，可采取校内公开招标、邀请招标、邀请比选或竞争性比选方式，也可采取随机抽选、直接委托等方式。原则上应委托招标代理机构实施。

第十七条　公开招标、邀请招标、竞争性磋商主要采用综合评分（估）法，邀请比选、竞争性比选可采用合理最低报价法或综合评估法，竞争性谈判、询价采购采用最低评标价法，单一来源采用合理低价评审法。

第十八条　国有资金投资工程建设项目依法可以不招标的，应通过相关会议集体决策，可按照相关规定确定承包商。

第十九条　委托招标的项目，应签订委托协议，协商确定委托事项及双方的权利和义务。

第二十条　以科研经费购买仪器设备、器件材料，执行科研项目管理相关规定办法。

第二十一条　医疗器械的采购，政府卫生部门有明确规定的，从其规定。

第二十二条　自制设备采购，按照有关要求申报审批。

第二十三条　对于抢险、后勤保障等应急采购项目，正常招标采购无法满足实际需要的，经分管校领导审批后，根据项目情况确定采购方式。

第四章　采购程序

第二十四条　采购计划须通过立项审批或列入学校发展规划，无采购预算或计划不得采购。

第二十五条　采购预算及计划一经确定，原则上不予调整。如遇特殊情况确需调整的，按预算调整和计划审批的程序办理。

采购计划采取定期集中申报与零星申报相结合。原则上，通用办公设备、家具等资产的采购，应每月集中一次性申报。

第二十六条　采购程序包括下列主要步骤：制定采购实施方案、提出采购申请、确定采购方式、编制采购文件、实施招标采购、订立及履行合同、质疑与投诉、验收与转固、报账付款及档案管理等环节。

第二十七条　用户单位及业务归口管理部门，应充分做好采购项目调研论证工作，合理制定采购需求，明确采购项目的技术指标、性能、数量、预算资金、供货日期、服务、评审标准等，规范编制采购实施方案。

第二十八条　采购项目在落实场地和资金后，应编制采购实施方案。单价1000元（含）或单次采购金额在1万元（含）以上的采购项目、通用办公家具以及单价500元（含）或单次采购金额在5000元（含）以上的属于重庆市政府集中采购目录内协议供货的品目，应向采购与招标办公室提交采购申请。

在采购活动开始前，单一来源和进口产品、设备采购，须办理审批手续。涉及安全、消防、有毒、有害等物资的采购项目，须报请业务主管部门或学校安全保卫部门审批或备案。

第二十九条　实行归口管理的采购项目，由业务归口管理部门负责组织实施。在用户单位向业务归口管理部门提出的采购需求审查通过后，由业务归口管理部门向采购与招标办公室提交采购申请和采购实施方案。

一般采购项目，由用户单位向项目归口管理部门提出采购需求，审查通过后，由用户单位向招标办公室提交采购申请和采购实施方案。

（一）采购申请提出

1. 自行采购项目由用户单位提出；

2. 教学、实验、科研平台仪器设备项目采购由各二级学院提出；

3. 基建工程项目及大中型维修改造工程采购由基建处提出；

4. 日常维修改造、后勤保障服务项目采购由后勤处提出；

5. 信息化建设类项目采购由信息化处提出；

6. 数字资源等项目采购由图书馆提出；

7. 器械、药品、医疗服务等项目采购由校医院提出；

8. 办公设备、通用办公用品用具、办公家具、公务用车、房屋及办公设备维修维保等项目采购由资产与实验设备管理处提出。

（二）采购立项审批

1. 单次采购金额在5万元以下的采购项目申请，用户单位项目负责人、行政主要负责人审查签字后，经资产、财务部门签字盖章后实施采购。

2. 单次采购金额在5万（含）至50万元的采购项目申请，用户单位项目负责人、行政主要负责人审查签字盖章后，经项目归口管理部门或业务归口管理部门、资产、财务部门负责人签字盖章后实施采购。

基建工程类项目、20万元及以上的货物和维修工程类及10万元及以上的服务类项目，需经项目归口管理部门或业务归口管理部门分管校领导审批。

3. 单次采购金额在50万元（含）以上的采购项目，按照《重庆科技学院重大项目管理办法（暂行）》有关规定，经学校审批。

第三十条　上级主管部门审批采购方式的项目由采购与招标办公室负责审批申报。一般项目采购方式由采购与招标办公室审批。新建基建工程、重大设备或维修改造项目的采购方式按照规定集体研究决定。

第三十一条　采购与招标办公室按照相关采购法律法规规定及本办法第三章相关规定，根据批准的采购方式，及时组织招标文件编制，组织实施采购工作。

采购与招标办公室或采购代理机构应于评审活动开始前1个工作日，按照相关规定抽取校外评标专家。校内评审专家一般提前半天抽取。专家库不能满足需要的，可另行选取专家，做好备案工作。

校外专家评审劳务费执行上级规定，校内专家评审劳务费工作时间在4小时以内按300元发放，每增加1小时费用增加50元。

第三十二条　评审结束依法确定中标人。一般采购项目由学校采购工作领导小组办公室确定，重大项目由学校集体研究决定，由采购与招标办公室向中标人发放中标通知书。

第三十三条　单次采购金额达到1万元（含）以上的采购项目，原则上都要签订采购合同。不得违背招标文件实质性条款签订采购合同。

第三十四条　自中标通知书签发之日起，用户单位应在10个工作日内签订技术（服务）协议，合同签订部门应在30日内签订合同。合同签订之日起，3日内采购合同向采购与招标办公室备案。由采购与招标办公室按照规定组织合同公告和登记。无正当理由不得拖延或拒绝签订采购合同。

第三十五条　采购文件编制和合同签订的组织工作可采取会审（会签）制度。

基建工程施工项目、50万元及以上的货物类、30万元及以上维修改造及10万元及以上的服务项目类采购文件和合同应组织相关部门会审。标准以下的项目采取部门会签。

第三十六条　采购合同中的功能要求和技术指标的条款，由用户单位负责审核把关；商务的条款，如结算方式、送货方式、安装调试、质量保证、保修期限、供货期限等，由用户单位或业务归口管理部门负责审核或组织会签确认。合同最终文本审核由用户单位或业务归口管理部门负责人负责。

第三十七条　按照“谁主管，谁负责”的原则，由提出采购申请的单位

（部门）负责采购合同签订及财务报账付款工作。科研项目采购合同还应报科研处备案。

第三十八条　以项目立项申报的50万元（含）的货物、30万元维修改造工程及10万元（含）以下的服务项目及零星招标采购合同，经会审后，由用户单位行政主要负责人作为授权代表签订合同。基建工程类项目、以项目立项申报的50万元（含）的货物、30万元维修工程及10万元（含）以上的，由业务归口管理部门分管校领导作为授权代表签订合同。在报请校领导审批前，必要时，先由学校法律顾问审核。

第三十九条　严格履行合同，不得擅自变更、中止或者解除合同。

第四十条　若因国家政策变化、环境保护要求、采用新技术和新工艺、学校修改项目计划、削减项目预算、建设条件变化及发生特殊情况等，确需调整合同目标或合同条款的，由用户单位或业务归口管理部门提出变更申请，说明变更的理由、变更的内容、变更结果及依据，按预算调整和项目审批的程序办理。

若需追加与合同相同的货物、工程或服务的，在不改变合同履行其他条件的前提下，经项目管理部门审批，采购与招标办公室审查后，可以与中标人签订补充合同，但所补充的合同采购金额不得超过原合同采购金额的10%。

第四十一条　由业务归口管理部门或用户单位牵头组织教务、科研、资产、财务等相关部门及有关专家对采购项目进行验收，复杂的采购项目还应邀请国家认可的质量检测机构参加验收工作，并按照规定负责办理资产入库转固。

第四十二条　各单位应按档案管理要求，建立完善招标采购档案管理。

第四十三条　投标人或供应商应依法提出质疑或投诉。采购与招标办公室、纪检监察部门应按照规定做出答复。

第五章　采购监督与责任追究

第四十四条　充分发挥内部审计、纪检监察等机构的作用，加强对招标采购工作的监督检查。

第四十五条　严格遵守招标采购工作纪律、廉洁纪律及保密纪律。对违纪违规、失职渎职的单位和个人，纪检监察部门依法依规进行处理；涉嫌犯罪的，移送司法机关依法处理。

第六章　附　　则

第四十六条　独立法人的校办产业依据本办法制定管理制度。

第四十七条　学校经营性资产招租、使用代收费性质资金采购货物或服务等，另行制定招标采购管理制度。

第四十八条　本办法所采用的采购范围和限额标准以国家及重庆市等最新公布的文件为准。

第四十九条　本办法由采购与招标办公室负责解释。

第五十条　本办法自发布之日起施行，原《重庆科技学院采购管理暂行办法》（重科院〔2011〕170号）文件废止。

附录三　重庆科技学院招标采购工作纪律

为进一步加强党风廉政与工作纪律建设，依法依规开展招标投标工作，根据《中华人民共和国招投标法》《中华人民共和国政府采购法》《财政部关于进一步规范政府采购评审工作有关问题的通知》《重庆市领导干部招标投标工作“三要十不准”》等要求，结合工作实际，学校在对原《重庆科技学院招标投标工作纪律（暂行）》进行修订基础上，通过了《重庆科技学院投标采购工作纪律》（以下简称《纪律》）。现将《纪律》公布如下：

一、领导干部、招标工作机构人员工作纪律

（一）领导干部招标工作“三要十不准”

1. 要依纪依法，严格遵守招标投标规定；
2. 要尽职履责，切实强化招标投标监督管理；
3. 要清正廉洁，带头守住纪律底线；
4. 不准违反招投标审批程序以个人签批、假借集体研究名义等方式违规决定不招标、邀请招标，或者采取化整为零等方式规避招标；
5. 不准违规泄露任何可能影响公平竞争的招标投标信息；
6. 不准以推荐、串通等方式违规选择招标代理机构；
7. 不准授意、默许为特定投标人量身定做招标文件，设置不合理条件限制、排斥潜在投标人；
8. 不准指使、纵容、默许投标人采用资质挂靠、弄虚作假等手段围标串标；
9. 不准以授意、诱导等方式干预影响评标过程和中标结果；
10. 不准授意、默许背离招标文件和中标文件实质性内容订立合同；
11. 不准授意、默许中标后违规变更设计、调整建设内容、支付资金，或者为中标人指定、推荐分包人、供货商、服务商；
12. 不准对招标投标违纪违法行为放任不管、压案不查，或者干扰、妨碍监管部门依法履职；
13. 不准纵容、默许亲友及身边工作人员利用本人职权或者职务上的影响，插手干预招标投标活动。

（二）招标工作机构人员“十不准”

1. 不准出台违反招标投标法律、法规和规章的文件或政策规定；
2. 不准超越法定授权履行监管职责或推诿扯皮；
3. 不准违规核准招标事项或违规确定中标人；
4. 不准违规拒绝采购实施部门的招标材料备案或借备案之机违规干预招标

投标活动；

5. 不准违规选择招标代理机构和组建评审委员会；

6. 不准违规发布招标公告、使用标的或提供虚假招标信息；

7. 不准伪造、涂改、隐匿或者销毁与招投标活动相关的文件、记录、报告、投诉处理决定及其他有关资料；

8. 不准拒绝受理涉及招标投标的质疑或投诉；

9. 不准接受投标人、中介人、其他利害关系人的礼品、礼金、宴请或参与其他可能影响公正招标的活动；

10. 不准泄露涉及招投标工作的各种保密事项和资料。

二、校内评标专家工作纪律

1. 要遵守评标劳动纪律；

2. 要严格按照招标文件确定的评标标准和方法独立评标；

3. 要依法履行职责，积极认真开展评标工作，确保评标过程专业高效、评标结果公平和公正；

4. 不准私自携带通信工具和电脑进入评标现场或交由招标监督人员统一管理；

5. 不准随意出入评标室或在评标室外无故逗留；

6. 不准私下串通、干扰他人独立评标；

7. 不准发表任何具有倾向性、诱导性的见解或对其他评委的评审意见施加影响；

8. 不准透露与投标文件的评审和比较、中标候选人的推荐情况以及与评标有关的其他情况；

9. 不准携带与评标有关的资料出入评标室，不准私自复制评标资料或带出评标区；

10. 不准接受投标人、中介人、其他利害关系人的礼品、礼金、宴请或参与其他可能影响公正招标的活动。

三、使用单位及业务归口部门招标工作纪律

1. 不准将未经审批立项的项目实施招标采购；

2. 不准违背核准的招标事项开展招标工作；

3. 不准将依法依规需进行招标的项目以任何方式规避招标；

4. 不准隐瞒、延误、截留或提供虚假招标信息；

5. 不准在招标文件中设置有利于特定投标人或违规限制潜在投标人条款；

6. 不准在开标后修改评标标准的实质性条款；

7. 不准相互串通、徇私舞弊，操纵招标结果；

8. 不准非法干预、影响评标过程和结果；

9. 不准接受投标人、中介人、其他利害关系人的礼品、礼金、宴请或参与其他可能影响公正招标的活动；

10. 不准泄露涉及招投标工作的各种保密事项和资料。

四、合同签订工作纪律

1. 不准伪造、涂改、隐匿或者销毁与招投标活动相关的文件、记录等有关资料；

2. 不准背离招标文件的实质性条款或中标结果与中标单位签订合同；

3. 不准无合法理由拖延或拒绝与中标单位签订合同；

4. 不准利用暂定价格条款获取非法利益；

5. 不准泄露涉及招投标工作的各种保密事项和资料。

五、其他工作纪律

1. 学校领导及与招标工作有关的工作人员，要严格遵守招标采购工作回避制度；

2. 校内外与招标工作有关的人员，包括投标人、招标代理机构、评标委员会人员，要严格遵守国家、重庆市有关工作纪律和廉政纪律，自觉接受社会监督。

六、违纪追责

1. 纪检监察部门应加强对招标采购工作的监督检查，依法依规受理与招标工作有关的举报和投诉，依法制止和查处招标活动中的违法行为；

2. 财务和审计部门应根据各自职责，依据相关法规加强对招标采购工作的监督，配合纪检监察和招标工作管理部门做好对违反招标工作纪律的查处工作；

3. 投标人、代理机构及校外评标专家如违反有关工作纪律的，学校将取消其相应资格，并在学校招标信息网上公开曝光或上报重庆市财政局，同时记入不良记录，5 年内不得参与学校招标投标或代理招标项目；

4. 对违反上述规定校内人员，学校将依法依规予以处理；涉嫌犯罪的，移送司法机关依法处理。

七、其他

1. 本办法未明确规定的其他招标采购工作纪律，按上级有关规定办理。

2. 本办法自发布之日起施行，原《重庆科技学院招标投标工作纪律（暂行）》废止。

3. 本办法解释权归纪委办公室（监察处）、招标办公室。

参考文献

[1] 国务院．中华人民共和国政府采购法［Z］．中华人民共和国主席令2002年第68号.

[2] 国务院．中华人民共和国政府采购法实施条例［Z］．中华人民共和国国务院令第658号.

[3] 财政部．关于加强政府采购活动内部控制管理的指导意见［Z］．财库〔2016〕99号.

[4] 财政部．行政事业单位内部控制规范（试行）［Z］．财会〔2012〕21号.

[5] 白积洋．建立风险管理导向的政府采购内控体系的思考——兼论深圳市政府采购中心的实践［J］．中国政府采购，2016，5（180）：69～73.

[6] 陈金友，潘丽慧．高校设备采购实行网上竞价的驱动与优化［J］．实验技术与管理，2011（9）：200～202，206.

[7] 冯欣．高校政府采购内部监督机制存在的问题及解决对策［J］．财经界，2016（20）：155～156.

[8] 高虹，刘玉晗，陆萍．高校政府采购内部监督机制存在的问题及对策［J］．实验室技术管理，2013，30（3）：209～213.

[9] 侯健．浅谈如何加强高校内部控制［J］．甘肃科技，2009（1）：44，88～89.

[10] 胡碧霞．高校政府采购内部控制存在的问题及对策［J］．当代会计，2016（7）：51～52.

[11] 贾永虎．基于内部控制的政府集中采购探究［J］．会计师，2016（18）：51～52.

[12] 路丽华．加强政府采购内部控制建设的相关建议［J］．经济研究导刊，2016，288（7）：111～113.

[13] 赵晶．高校政府采购管理水平的提升策略研究［J］．当代经济，2016，15：125～126.

[14] 陈粱，胡文淑．关于做好当前政府采购内控工作若干基础问题的探讨［J］．中国政府采购，2016，2（177）：41～44.

[15] 陈培林．高校固定资产内部控制制度探索［J］．行政事业资产与财务，2015（24）：8～9.

[16] 付玉芳，阮慧．高校政府采购专家资源问题分析及管理对策［J］．实验室科学，2014（5）：162～164.

[17] 沈军．“互联网＋”模式下高校物资采供改革初探［J］．经济师，2015（11）：228～229.

[18] 沈岚，陈洪婕，寿欣．新政府采购法对高校政府采购的影响［J］．商业会计，2015，21：95～97.

[19] 谈鸣秋．加强地方高校政府采购“源头和结果”管理的思考［J］．中国政府采购，2015，171（8）：61～63.

[20] 杨文献，赵妍，刘倩，等．高校内部控制规范问题及其对策研究［J］．财政监督，2015（29）：59～64.

[21] 袁琼．对政府采购合同履约验收工作的思考［J］．中国政府采购，2015，165（2）：43.

[22] 冯瑛．高校内部控制存在的问题及对策［J］．会计之友，2017（9）：49～50.

[23] 季东．关于高校内部控制问题的探究［J］．经济师，2014（11）：221～222.

[24] 陆文斌，颜端阳，吴杰．高校内部控制评价体系构建问题探讨［J］．会计之友，2014（9）：82～84．

[25] 乔春华．高校内部控制研究［M］．苏州：苏州大学出版社，2014．

[26] 盛超．反腐倡廉视角下的高校内部审计工作探讨［J］．会计之友，2014，22（8）：77～80．

[27] 司伟娟．浅析高校政府采购内部控制体系的建立［J］．财经监督，2014（6）：66～68．

[28] 谢磊．健全事业单位政府采购内控制度的思考［J］．企业研究，2014，6（12）：71～72．

[29] 赵建林．高校加强内部控制的意义及策略［J］．教育理论与实践，2014（33）：6～7．

[30] 刁幸武．完善内部控制有效提高高校固定资产管理水平［J］．行政事业资产与财务，2013（2）：115～116．

[31] 高虹，李泰，陆萍，等．浅谈高等学校政府采购及其管理与监督［J］．实验技术与管理，2010，27（12）：43～46．

[32] 李芳，肖文广，谢玉龙．高校固定资产内部控制研究［J］．衡阳师范学院学报，2013（3）：155～157．

[33] 梁芳，田雪．高校内部控制研究评述及展望［J］．会计之友，2013（36）：117～121．

[34] 张键琦．高校物资采购领域反腐倡廉监控方法探析［J］．湖北经济学院学报（人文社会科学版），2013，10（10）：74～76．

[35] 张永远．关于科学构建高校廉政风险防控机制的思考［J］．学校党建与思想教育，2013，453（10）：88～90．

[36] 程迪南，刘卓．高校内部控制框架共性问题研究及对策［J］．理论研究，2012（12）：97～98，113．

[37] 李晓慧，宗文龙，吴柯．提升纪检审计在高校监督的地位和作用［J］．财务会计审计，2012，8（5）：85～90．

[38] 刘春静．高校政府采购内部审计控制与审计监督初探［J］．财务与金融，2012（1）：67～70．

[39] 熊淑君．构建公开透明的政府采购竞争平台［J］．中国政府采购，2012（4）：48～49．

[40] 曹萍．基于信息化手段的高校政府采购管理模式研究［J］．现代经济信息，2016（6）：39～41．

[41] 李森善．政府采购项目验收问题及治理对策［J］．中国政府采购，2011，116（1）：38～39．

[42] 师秀清．高校政府采购网上竞价管理系统的实践与思考［J］．实验室研究与探索，2011（3）：185～187．

[43] 宋文秀．高校内部控制规范实施探析［J］．财会研究，2015（2）：37～39．

[44] 晚常青．我国高校内部控制存在的问题及对策［J］．财会研究，2011（22）：67～69．

[45] 王朝侠．如何完善对高校资产的内部控制［J］．行政事业资产与财务，2011（14）：138．

[46] 杨明亮．论高校财务管理内部控制审计［J］．财务与金融，2011（1）：69～72．

[47] 易红梅．高校内部控制制度的构建与完善［J］．财会研究，2011（11）：48～50.
[48] 胡国庆，贾延江．高校竞价网与政府招标采购方式的比较［J］．实验室研究与探索，2010（3）：176～178.
[49] 李志荣．政府采购内部控制探讨［J］．中国政府采购，2010（5）：38～39.
[50] 邱炜韬，田传军．网上竞价在高校仪器设备采购中初探［J］．实验室研究与探索，2010（11）：348～350.
[51] 王德敏．行政事业单位内部控制精细化管理全案［M］．北京：中国劳动社会保障出版社，2010.
[52] 余晓林．公立高校内部控制制度的缺陷及完善措施［J］．财会研究，2010（9）：65～67.
[53] 耿强．高校政府采购在公共财政框架下的监督机制探析［J］．现代农村科技，2016（4）：9～10.
[54] 刘廷平，郭军，于廷辉．政府分散采购中的监督缺陷及对策分析［J］．西南石油大学学报（社会科学版），2009（2）：52～54.
[55] 刘玉晗，高虹，陆萍．充分认识高校特点完善政府采购工作［J］．中国现代教育装备，2009，72（2）：6～9.
[56] 沈力萍．高校实行政府采购制度遇到的问题及对策初探［J］．商场现代化，2009（10）：50.
[57] 谭品业，刘钟．电子化政府采购的探索与实践［J］．中国政府采购，2009（7）：60～61.
[58] 钟永泉、赵邦枝．高校集中采购内部控制制度的构建与探索［J］．实验技术与管理，2009（12）：146～148.
[59] 周狄挺．高校仪器设备政府采购问题浅析［J］．现代物业旬刊，2009（4）：38，45～46.
[60] 朱宇．高校内部控制制度研究［J］．财会研究，2009（10）：45～46.
[61] 林海旦．高校政府采购协议供货制度的研究［J］．实验室科学，2008（5）：169～171.
[62] 卢传峰．完善政府采购内部控制的思考［J］．财政监督，2008（20）：54～55.
[63] 鞠大鹏．高校执行政府采购中存在的问题及对策［J］．沈阳大学学报，2007（6）：88～90.
[64] 吴斌．关于进一步完善我国高校政府采购制度的思考［J］．南京财经大学学报，2007（2）：39～41.
[65] 虞剑锋．政府采购制度与高校预算管理［J］．经济师，2007（9）：195～196.
[66] 戴彦．企业内部控制评价体系的构建［J］．会计研究，2006（1）：69～76.
[67] 刘新春、麦丽苏．关于加强高校政府采购内部控制的思考［J］．内蒙古师范大学学报，2006（5）：444～445，450.
[68] 刘芳．试谈网上竞价采购［J］．中国政府采购，2005（12）：52～53.
[69] 刘涛，郭涛．采购业务内部控制评价指标体系及其评价［J］．沈阳工业大学学报，2005（12）：700～704.
[70] 杨雄胜．内部控制理论研究新视野［J］．会计研究，2005（7）：49～55.

[71] 方新立. 由政府采购引发的审计思考 [J]. 中国审计，2003（21）：55～56.
[72] 夏烨. 建立健全政府采购内部控制的设想 [J]. 中国政府采购，2002（6）：18～22.
[73] 成金华. 关于高校试行政府采购制度的思考 [J]. 实验技术与管理，2000（2）：103～105.